竞争中性原则与中国
国有企业改革实践

REFORM

余菁　王欣　等著

经济管理出版社
ECONOMY & MANAGEMENT PUBLISHING HOUSE

图书在版编目（CIP）数据

竞争中性原则与中国国有企业改革实践 / 余菁等著. —北京：经济管理出版社，2022.10

ISBN 978-7-5096-8786-4

Ⅰ.①竞… Ⅱ.①余… Ⅲ.①国有企业—企业改革—研究—中国 Ⅳ.①F279.241

中国版本图书馆 CIP 数据核字（2022）第 195381 号

责任编辑：高　娅
责任印制：许　艳
责任校对：蔡晓臻

出版发行：经济管理出版社
　　　　　（北京市海淀区北蜂窝 8 号中雅大厦 A 座 11 层　100038）
网　　址：www. E-mp. com. cn
电　　话：(010) 51915602
印　　刷：唐山玺诚印务有限公司
经　　销：新华书店
开　　本：720mm×1000mm /16
印　　张：11
字　　数：158 千字
版　　次：2022 年 11 月第 1 版　2022 年 11 月第 1 次印刷
书　　号：ISBN 978-7-5096-8786-4
定　　价：88.00 元

前　言

　　党的十八大以来，在以习近平同志为核心的党中央的领导下，国有企业改革的各项工作向纵深稳步推进。习近平总书记强调，"国有企业是中国特色社会主义的重要物质基础和政治基础，是我们党执政兴国的重要支柱和依靠力量"，"要坚定不移深化国有企业改革"。从国际环境看，过去十余年间，竞争中性原则日益成为影响各国国有企业改革与发展的一个不容忽视的外生性制度因素。竞争中性原则的底层逻辑是单向度的市场化原则，天然与我国国有企业在组织制度性质上的多重属性不一致。如何促进不同制度逻辑片段之间的调和与共生，这是一个有挑战性的研究议题，迫切需要加强理论研究和学术研究工作，为国有企业改革发展提供更加国际化和学理性的理论学术支持。

　　本书主要尝试从微观企业层次和市场机理深度来探讨这一研究议题，着力回答按照国有企业市场化的改革逻辑，竞争中性原则在深化国有企业改革实践中所有可能发挥的积极作用。全书分七章，在论述逻辑上：第一章"竞争中性原则的政策实践"，对"竞争中性"这一核心概念提出的制度与政策实践的相关背景知识进行了梳理。基于此章的研究工作，我们倾向于运用"竞争中性原则"一词来探讨和分析一系列与我国企业改革实践紧密关联的实践问题，以突出"竞争中性"概念的政策应用属性，而非其抽象的和具有一定程度认知分歧的理论属性。

　　本书第二章至第七章的内容，为结合我国国有企业深化改革的最新实践活动而设定的几个研究专题。我们认为，这几个专题是比较有可能推动竞争中性原则与我国国有企业改革的实践活动进行相对紧密结合的重要环节。这六章的内在逻辑关系为：首先，讨论微观层次的国有企业的公司治理制度问题；其次，讨论宏观层次的国有资产监管体制的问题，在这个层次上，讨论的侧重点依然相对聚焦于微观企业，即国有资本投资公司与运营公司的实践问题；再次，讨论了混合所有制改革的问题，这关系到国有经济与其他所有制经济之间的良性互动关系；最后，基于我国的基本经济制度，讨论了企业家精神培育、职业经理人制度和培育世界一流企业这三个议题下，竞争中性原则对国有企业的要求，有的与对民营企业的要求相似，有的则对应于不同的实践挑战。在后六章中，我们分别分析了在相应的主题之下当前国有企业深化改革实践取得的进展、遇到的问题，再从竞争中性原则的分析视角探讨可能的政策方向与要求，以进一步考察竞争中性原则可能在促进企业改革发展中所发挥的积极作用，并提出了相应主题下深化企业改革的政策建议。我们希望，相关研究工作能够帮助国有企业在改革实践中有选择性地接纳竞争中性原则中的合理性制度片段。

本书的研究工作形成了以下主要观点：

第一，有关"竞争中性"这一概念的内涵。我们可以从经济和法律的不同视角，理解竞争中性的理论与实践内涵。从经济视角出发，竞争中性原则与企业之间的市场竞争行为、企业改革等实践问题相关联。从法律视角出发，竞争中性原则与竞争政策、国际经贸合作中的规则与协议紧密相关。本书侧重于从经济政策分析的视角来理解竞争中性的内涵。我们将竞争中性区分为三种类型：一是作为国家竞争政策组成部分的竞争中性，这主要对应于澳大利亚的竞争中性政策实践；二是作为国际经贸规则的竞争中性，这主要表现为以美国为代表的、力图在美欧日等发达国家（或地区）中力推的、专门针对以中国为代表的国有企业的竞争中性规则；三是作为微观层次的国有企业公司治理原则的竞争中性，这主要是指 OECD 倡导的竞争中性原则。本书对此核心概念的理解，相对接近于 OECD 倡导的竞争中性原则。

第二，人们在看待竞争中性原则在我国国有企业改革中应用的可能性问题时，有不同的见解。有观点认为，国外推行的与竞争中性原则相关的国有企业条款是制度非中性的，带有强烈的歧视性。引入竞争中性原则，我国有可能面临政策定位失误而落入国际贸易保护主义陷阱和经济阶段性波动的潜在风险。也有观点主张，竞争中性在学理上是一个相对中性的概念。还有观点认为，国有企业改革方向与竞争中性的要求是相一致的，引入竞争中性原则有助于加快我国的国有企业改革。我们认为，有关竞争中性原则的观点争议，是由竞争中性原则对应的复杂政策内涵及其多面相的制度特性所决定的。在实际运用时，竞争中性原则是否允许设定及如何设定免除原则或例外原则，如何平衡国内法规制度与国际法规制度的关系，将是竞争中性原则在实际应用时的两大难点。

第三，理想的竞争中性原则，追求的是既体现经济效率又体现公平竞争的政策目标。竞争中性原则，意指力求避免有可能扰动企业公平竞争的任何政策活动，通过减少政策的不公平性来促进经济效率的提升。这一表述同时指向了两个政策目标：一方面，包括了对公平竞争的政策目标的考虑；另一方面，包括了对经济效率目标的考虑。有时，追求公平竞争的政策目标有助于达成经济效率目标，二者是一致的；但是有时，追求公平竞争的政策目标并不必然导致经济效率目标的达成。虽然我们不难给竞争中性做出定义，但要将给定的竞争中性原则落实到政策层面并非易事。这是因为，竞争中性属于问题导向、应用导向的政策思路或政策原则。在实践中，没有任何一个国家能够确保其政策绝对符合竞争中性的要求。任何一个市场经济体系都不可能出现所谓的绝对公平的竞争规则。竞争中性原则在政策目标上的复杂性及其在政策应用中的局限性，决定了在竞争中性原则下每个国家都有立足自身国情构建相适宜的政策目标和施予自由裁量权的必要的政策空间，而且，仅靠推行竞争中性政策，并不足以确保市场上的公平竞争。确保公平竞争的市场格局，需要多方面政策举措的共同发力，而这些政策需要与一国经济社会发展环境条件相适配。

第四，竞争中性和国有企业公司治理改革具有密切的关系，对于我国国有企业规范公司治理的改革实践也具有重要的意义。一方面，竞争中性原则要求国有企业建立分类治理机制，在企业制度的法律形式、考核办法、企业领导人员选任制度、高管薪酬制度、国有资本收益上缴制度、监督与信息公开制度等方面，可以推行差异化的分类治理；另一方面，竞争中性原则要求国有企业更好地适应国际公司治理规则的要求，稳步提高企业运营透明度，加快建立和完善多元制衡的公司治理机制，提升跨国治理能力。未来一段时期，我国国有企业的公司治理转型应该聚焦于治理现代化、股权多元化、经营国际化、创新常态化和价值平衡化这几个实践方向，具体转型路径包括加快推进制度创新、优化股权治理结构、探索灵活激励机制、提升跨国治理能力、促进外部利益相关方参与及践行绿色治理等，以最终实现经济价值、社会价值和环境价值的平衡发展。

第五，竞争中性原则的推行，能够对促进以管资本为主及以发展壮大国有资本投资、运营公司为重要抓手的国有资产监管体制创新起到积极的引导作用。首先，国有资本投资运营公司可谓相对最符合 OECD 对国有企业公司化运营的相关规范性要求的一类国有企业组织形式；其公司治理体制机制与 OECD 所倡导的良好国有企业公司治理模式，是相对最为接近的。其次，结合不同的功能定位，对国有企业不同性质的经营活动分类监管，这一国有资产监管思路，与竞争中性原则所强调的按照商业化运营要求来规范大多数国有企业的经营活动的思路，是相一致的。最后，竞争中性原则强调对国有企业的商业化投资回报率的要求，符合当前我国迫切需要提高国有资本配置和运营效率的强烈的内在发展需要。未来一段时期，应该进一步加快国有资产监管体制创新力度，加大对综合效能水平相对较强的国有资本投资公司的授权力度，为这些企业设计量身定制的分类监管制度，使这些企业能够率先进入真正符合国有资本投资公司发展规律的、以管资本为主的国有资产分类监管的新体制机制中。

第六，混合所有制经济改革与竞争中性原则，在所倡导的价值理念与运作逻辑上是高度契合的。一方面，混合所有制经济改革的推进有利于促进市场进入平等和公平竞争，有利于增强市场主体活力和资源配置效率，有利于优化国有企业治理结构和运行机制，有利于推动国有资产监督管理模式转型，从而有利于竞争中性原则更广泛地普及与应用；另一方面，竞争中性原则的引入对国有企业改革将提出多方面的新要求，这些新要求会为国有企业推进混合所有制经济改革带来更多的动力与激励。首先，实施混合所有制改革后的企业通常具有较高的公司化程度。其次，企业成本结构的合理性和透明度原则及公共服务义务补偿原则，都更容易在混合所有制企业中得到落实。再次，商业回报率的要求，是混合所有制企业用于平衡多方股东的不同利益诉求的一条理想的公司治理规则。最后，税收中性、监管中性、债务中性等要求，天然地与混合所有制对不同所有制的投资主体一视同仁与平等对待的治理理念是相一致的。未来，需要进一步发挥竞争中性原则在促进混合所有制经济改革深化中的作用，进一步细化国有企业分类改革，更加充分地发挥混合所有制改革后企业的股权治理效应，以及加快转变政府职能和灵活构建对混合所有制改革后企业的差别化的监管模式。

第七，在我国，企业家精神是具有多个维度内涵的实践性概念。一方面，它有鲜明的市场经济体系的时代特征，含有一般市场经济条件下崇尚创新和国际竞争的经济价值取向，鼓励企业家追求创造性实现个人价值和企业价值的事业目标；另一方面，它要求发挥传承与发扬中华民族优秀传统文化的良性功能，含有爱国、诚信、社会责任这样的道德伦理价值取向，鼓励企业家将个人和企业的利益目标与更加广泛的社会利益相关联，与国家、民族的共同利益统合起来予以筹谋。培育企业家精神，需要立足我国基本经济制度优势，坚持不同所有制企业公平竞争的原则，充分发挥不同所有制企业在涵养和培育不同维度的企业家精神上各自不同的能动作用。在论及竞争中性原则与企业家精神培育的关系时：首先，竞争中性原则所倡导的公平竞争思想，有助于促进企业家精神的培育。不公平的竞争会抑制企业家精神的培育。培育企业家精神，需要大力发展公平竞争的市场，建立和不断完善促进所有企业公平竞争的各种高度市场化的体制机制。其次，无论企业所有制属性如何，对不同企业而言，判断企业家精神的标准应该是同一的。这是由不同所有制企业都需要履行的生产功能决定的。我们的经济社会发展需要的是有企业家精神的企业家，无论这些企业家是来自民营企业，还是国有企业。最后，国有企业领导者无论是否被称作"企业家"，他们都是有可能具备企业家精神的。只有当企业家精神发挥作用时，企业才有可能呈现出发展的活力与繁荣气象。

第八，职业经理人制度从21世纪初开始在我国得到应用与发展。建立和完善国有企业职业经理人制度，被视作新时代国有企业深化改革与加快发展的新要求，是确保国有企业参与市场公平竞争的一项非常重要的改革举措。从现有的企业实践来看，国有企业职业经理人在调动企业活力与提高业绩中发挥的作用仍然不太显著，部分国有企业职业经理人因自主决策权不充分而难以发挥作用，而且，不同国有企业对职业经理人制度的认知与执行的差异度较大。究其根源，我国国有企业职业经理人制度仍然面临平衡市场化与行政化的双重逻辑的艰巨挑战。我们建议：一是进一步优化职业经理人制度的顶层设计；二是明确经过市场化选聘的职业经理人的身份定位，充分落实市场化和高素质的职业经理人的自主决策和经营管理权；三是高度重视培养和塑造国有企业职业经理人的正确的职业道德观念；四是积极探索和发挥声誉机制对国有企业职业经理人的约束与激励效应；五是加强多层次的国有企业职业经理人队伍建设，特别要大力培育、造就和打造具有国际竞争力的职业经理人队伍，为志在迈向世界一流的国有企业提供坚实的人才队伍保障。

第九，世界一流企业不仅是一个国家的科技实力和国际竞争力的重要代表，也是帮助传播一个国家的良好世界公民形象与国际声誉的重要主体。竞争中性原则在给整个国有经济部门带来进一步加快改革的压力与成本的同时，也为我国企业建设、培育和发展世界一流企业提供了有益的行动指南。党的十八届三中全会以来，伴随国有企业改革全面深化，一部分有志于建设世界一流企业，特别是成功转成国有资本投资公司的国有企业，已经基本具备了符合竞争中性原则要求的素质和能力。未来，我国有条件的优势企业应该努力成为符合竞争中性原则要求的治理规范与透明的企业，这是我国企业建设、培育和发展世界一流企业并获得国际社会高度认可的必由之路。未来，只有那些有资格在各行各业代表我国最高水平和能力的企业，才有望成为具有世界一流水平和能力的代表性企业，这样的企业需要成功应对以下三重挑战：创造世界一流的产品技术、塑造世界一流的商业生态和打造世界一流的品牌声誉。展望未来，培育、建设和发展世界一流企业，必然是一个持续奋进的漫长进程，在此过程中，我国企业需要坚持长期主义、抵制官僚主义和发扬人文主义。

综上所述，我们认为，国有企业深化改革的理想状态是，形成了规范的国有企业公司治理体制，形成了以管资本为主及以国有资本投资运营公司为市场竞争主体的新型国有资产监管体制，形成了高度符合我国基本经济制度要求的更加成熟的混合所有制经济形态。在上述的国有企业深化改革的理想状态中，我国企业的企业家精神将得到极大的释放，企业职业经理人制度将发挥出应有潜力，这将有效促进我国企业加快培育世界一流企业的新时代新任务的顺利达成。从促进微观企业改革与发展的角度看，有针对性地、分层和分步骤地接纳竞争中性原则，稳健、有序地加强与国际上约束国有企业行为的相对合理的国际贸易规则规范体系的对接，将有利于促进本书所谈及的几个方面的国有企业改革工作，也有利于进一步搞活和繁荣社会主义市场经济。

本书为中国社会科学院创新工程项目"竞争中性与深化国有企业改革"的最终研究成果，同时是中国社会科学院登峰计划企业管理优势学科建设项目资助成果。本书的各章作者为：前言、第一章，余菁；第二章，王欣；第三章，余菁；第四章，王欣、邵婧婷；第五章，余菁、王欣和王涛；第六章，余菁、王欣和葛健；第七章，余菁。我们衷心感谢中共中央党校田应奎教授、中央财经大学崔新健教授和四川社会科学院蓝定香研究员，以及中国社会科学院工业经济研究所沈志渔研究员、杜莹芬研究员和刘建丽研究员提出的评审与修改意见。同时，诚挚感谢经济管理出版社陈力老师对本书的出版工作给予的帮助与支持。

不可否认，在百年变局之下，我国国有企业未来事业探索难度有所加大。不过，我们始终坚信，我国企业必将克服各种不确定性因素阻挠，踏准时代脉动，坚定地保持积极融入世界的姿态，矢志不渝地为全球经济社会发展贡献自己的应有力量。

目　录

第一章

竞争中性原则的政策实践 ··· **001**

一、竞争中性原则：定义及政策目标 ····························· 001

二、竞争中性原则的制度实践 ····································· 005

三、竞争中性原则在我国的政策应用 ··························· 011

第二章

竞争中性原则与国有企业公司治理 ····················· **019**

一、国有企业公司治理模式演变历程 ························· 020

二、竞争中性原则对国有企业公司治理的要求 ··············· 024

三、当前国有企业面临的公司治理问题与挑战 ··············· 029

四、进一步完善国有企业公司治理的方向与路径 ············· 034

第三章

竞争中性原则与国有资产监管体制创新 ················ **044**

一、国有资产监管体制的形成与发展 ························· 044

二、竞争中性原则对国有资产监管体制创新的要求 ··········· 050

三、国有资产监管体制创新现状及存在问题 ················· 054

四、进一步加快国有资产监管体制创新的政策建议 ··········· 061

第四章

竞争中性原则与混合所有制改革 ·············· **065**

一、混合所有制改革的内涵与演进 ·············· 066

二、竞争中性原则对混合所有制改革的要求 ·············· 073

三、当前混合所有制改革的进展及问题 ·············· 078

四、深化推进混合所有制改革的方向和建议 ·············· 082

第五章

竞争中性原则与企业家精神培育 ·············· **091**

一、企业家精神的内涵与功能 ·············· 091

二、竞争中性原则对培育企业家精神的要求 ·············· 098

三、不同所有制企业在培育企业家精神中的作用 ·············· 102

四、培育企业家精神的重点方向与政策建议 ·············· 107

第六章

竞争中性原则与职业经理人制度 ·············· **114**

一、职业经理人制度的演进源流 ·············· 114

二、竞争中性原则对职业经理人制度实践的要求 ·············· 121

三、国有企业职业经理人制度运行中的突出问题 ·············· 125

四、完善职业经理人制度建设的对策建议 ·············· 130

第七章

竞争中性原则与培育世界一流企业 ·············· **135**

一、培育世界一流企业的实践历程 ·············· 135

二、竞争中性原则对培育世界一流企业的要求 ·············· 142

三、培育世界一流企业所面临的形势与挑战 ·············· 147

四、对我国企业加快培育世界一流企业的建议 ·············· 155

第一章
竞争中性原则的政策实践①

过去十年间，竞争中性（或其之前的译法"竞争中立"）成为一个关注度越来越高的研究议题。刘戒骄（2019）认为，竞争中性在学理上是一个相对中性的概念。沈铭辉（2015）认为，国外推行的以竞争中性原则为核心内容的国有企业条款是制度非中性的，带有强烈的歧视性。黄速建、肖红军和王欣（2019）认为，国有企业改革方向是向竞争中性趋近于收敛的，引入竞争中性原则有助于加快我国的国有企业改革。丁茂中（2015）则认为，引入竞争中性原则，我国将面临政策定位失误而落入国际贸易保护主义陷阱和经济阶段性波动的潜在风险。以上有关竞争中性的观点争议，其实是由竞争中性的复杂的理论内涵与制度特性所决定的。2018年，我国政府开始考虑竞争中性原则的政策应用问题。在将竞争中性原则同我国社会主义市场经济制度相结合的过程中，需要审慎把握其随时间与应用情境变化的政策上的可塑性。

一、竞争中性原则：定义及政策目标

竞争中性（Competitive Neutrality）是一个有很强的理论可塑性的概念。以下将从译法谈起，阐释这个概念作为一类政策思路或政策原则的内

---

① 此文刊发于《求是学刊》，2020年第2期。

涵及其追求的政策目标的复杂性与局限性。

1. 从"竞争中立"到"竞争中性"

从2012年起，国内有关注"Competitive Neutrality"的研究者，并采用了"竞争中立"的译法（干潇露，2012）。2017年，才出现了"竞争中性"的译法（宋彪，2017）。2018年，我国国务院常务会议上使用了"竞争中性"的提法，在此之后，后一译法变得越来越流行。在译法上有争议的"Neutrality"一词，源自"Neutral"。不同学科对同一概念会采用不同的译法。在政治学和法学领域，习惯性地将这个词译作"中立"，指对不同立场保持不偏不倚的态度，或者说，在冲突情况下，选择不站边（not to side in a conflict）、不带偏见。在体育领域，"中立"场地指的是不属于竞技双方中的任何一方的场地，相对接近于政治学和法学领域的用法。在生物与化学领域，"Neutral"通常被译作"中性"，意指取介于两种相对性质之间的性质。在经济学领域，"Neutrality"的常见应用见诸"货币中性"（Money Neutrality），意指供给量增长的货币具有不影响实际产出水平的性质。

我们在研究中，也曾经使用过"竞争中立"的译法，当时便感受到，这一概念在理论内涵上具有很强的可塑性（余菁、王欣等，2014）。比如说，它所约束的制度客体，到底是企业，还是企业及其背后的政府？在理论内涵不甚明晰的情况下，将其译作"竞争中立"，或是"竞争中性"，各自有合理性。如果译作"竞争中立"，从字义上讲，强调的是以政府为中心，意指政府对不同企业主体，坚持不偏不倚、一视同仁的政策立场。如果译作"竞争中性"，强调的是从不同企业主体的视角来看，政府政策应该符合公平竞争要求而不应该对企业之间竞争局势产生干预性或偏离性的影响。在很多文献中，上述两个方面是所讨论的现实问题的一体两面。

在以后的研究中，我们都将采用"竞争中性"这一译法。原因如下：一是尊重官方表态的用法惯例；二是从政策应用来考虑这一概念的更为恰当的内涵。如果我们使用"竞争中立"的表达，其隐含的假设更侧重于以政府为政策主体，赋予政府行为很高的能动性。在现代市场经济体系中，政府对市场运行的潜在影响是巨大的（UNTCAD，2014）。那种政府对于市场竞争不产生任何影响的政策观点，不过是一种空想市场经济。在实践中，有一类问题是，政府的能动性越高越有可能造成对有效和公平竞争市场的背离与扭曲的风险。在现实中，有些深度参与市场活动的政府机构发挥着低效、无效，甚至是负面性的作用，这类现象并不罕见。如何努力避免政府因其积极行动而造成的消极的政策影响，这是当前提升我国竞争政策质量的一个关键性问题。"Neutrality"有一个语义是："不易引人注意的""不活动、停滞的状态"。当我们将"Neutrality"一词用于竞争政策领域时，追求的理想状态是，政府作为政策主体在参与市场活动时应该尽可能地做到无为而治，对于参与竞争的各方企业主体均不予以任何主观的鼓励或帮助，对有可能扰动企业公平竞争的任何政策活动，保持必要的谨慎与克制。因此，将"Competitive Neutrality"中的"Neutrality"译作"中性"，更加接近于货币中性政策中"中性"的含义，即不影响市场有效运行的竞争政策。

2. 竞争中性原则的政策目标

虽然我们不难给竞争中性做出定义，但要将给定的竞争中性原则落实到政策层面并非易事。这是因为，竞争中性属于问题导向、应用导向的政策思路或政策原则。在实践中，没有任何一个国家能够确保其政策绝对符合竞争中性的要求。充分竞争的市场经济体系的一个基本特征是，市场上同时存续为数众多的高度差异化的企业。从特征各异的企业的角度来看，永远不可能存在所谓的绝对公平的竞争规则。竞争中性在政策目标上的复杂性及其在政策应用中的局限性，决定了在竞争中性原则下，每个国家都有立足自身国情构建相适宜的政策目标和施予自由裁量权的必要的政策空间。

前文给出的竞争中性的定义，即推行不影响市场有效运行的竞争政策，对有可能扰动企业公平竞争的任何政策活动保持必要的谨慎与克制，通过减少政策不公平来促进经济效率的提升。这一表述同时指向了两个政策目标：一方面，包括了对公平竞争的政策目标的考虑；另一方面，包括了对经济效率目标的考虑。有时，追求公平竞争的政策目标有助于达成经济效率目标，二者是一致的；但是有时，追求公平竞争的政策目标并不必然导致经济效率目标的达成。理想的竞争中性原则追求的是既体现经济效率又体现公平竞争的政策目标，这属于一种少有争议、有百利而无一弊的情形。除这种情形之外，还存在另外两种复杂情况，它们使有关竞争中性原则的决策成为富有挑战性的政策议题。

一方面，是一味强调竞争公平的政策目标却不一定能体现经济效率的情况。OECD（2009a、2012）在倡导竞争中性原则的政策应用时，将政策目标更多地放在公平竞争上，主张"为所有企业营造公平竞争的市场环境"。美国是倡导将竞争中性引入国际多边贸易规则体系的主要力量，强调的也是追求公平竞争的政策目标。公平竞争的政策目标适用于市场经济体系发育相对比较成熟的国家，也适用于作为经济发展水平大体相接近的国家之间的对等经贸规则。对于市场经济体系发育相对不成熟的发展中国家而言，情况复杂得多，这些国家需要考虑竞争公平的政策目标看似合理却不一定适用的情况。对于欧美发达国家而言，追求竞争公平，对这些国家的已经有较强国际竞争力的行业领导企业是最为有利的，但对于为数众多的发展中国家及其相对弱小的、仍在加速成长过程中的企业而言，却很有可能是不利的。澳大利亚作为世界上拥有最完备的竞争中性政策体系的国家，在20世纪90年代的竞争政策改革中追求的目标主要是经济效率方面的，即要"消除国有企业参与重大商业活动时所造成的资源配置扭曲及相应的效率损失"。澳大利亚在执行竞争中性政策时，以取得的改革收益大于改革成本为前提条件。21世纪以来，OECD在总结和推广澳大利亚经验时，淡化了这方面的务实做法，将侧重点集中放在保障公平竞争的政策目标上。对此，我们需要有清醒的认识，应将公平竞争的政策目标更多地和提升经济效率结合起来，着力将那些已经造成明显效率损失与严重后果的领域，作为竞争中性原则施力的重点与优先环节；那些经济效率损失不明显或有明显争议的，可以暂做搁置处理。

另一方面，是看似违背公平竞争的政策目标却有可能体现出经济效率与社会效益的情况。有些反竞争中性（Reverse Competitive Neutrality）的政策，从内容与形式上看，明显违背了政策公平目标，却是一个国家，特别是后发展国家实现经济效率目标或社会效益目标所必需的。典型做法，比如，后发展国家推行的产业政策；在经济起飞阶段，专门针对外资企业或大型企业而制定的鼓励性的投资政策；针对国有企业的一些限制性政策，像对国有企业管理自主权的限制、对国有企业的投资与多元化决策的限制、对普遍服务义务的特殊要求；等等，这些政策明显与公平竞争的政策目标不一致，提高了某些企业相对于其他所有制企业竞争的成本，却很有可能适应发展中国家的国情，有助于降低其整体经济的发展成本或降低履行社会福利的总体目标的成本。在实践中，也有一类问题，即这类政策的初衷往往是好的，却带来了事与愿违的经济后果，这又会触发简政放权和减少干预的政策改革。面对种种现实情境，我们需要对其中错综复杂的政策的利弊得失进行综合权衡与取舍。从原则上讲，政策成本高于政策收益的竞争中性政策措施不宜推行。

竞争中性政策目标的复杂性还在于，我们需要清醒地认识到一点，即使全力追求竞争中性的政策目标，仅靠竞争中性政策，不足以确保市场上的公平竞争。确保公平竞争的市场格局，需要多方面的政策举措的共同发力，需要经济因素与政治、科技、文化等方面因素的协同与交互作用。尤其是在涉及国有企业的有关问题上，如果没有国有企业改革及与之相匹配的、不断完善的公司治理体系，大量的实践问题是难以真正解决好的。

二、竞争中性原则的制度实践

尽管"竞争中性"一词看似简单直白，但从竞争中性原则的制度化实践历程看，其制度特性比较复杂，具有跨层次性和多面相性的特点，竞争

中性原则所对应的具体政策内涵，随时间与应用情境变化而不断变化
（Lanneau，2017）。

1. 作为国家竞争政策组成部分的竞争中性

竞争中性可以作为一个国家在国内实行的经济制度，通常是作为从属
于中观层次的竞争政策的组成部分。竞争是市场经济制度的核心性安排。
在一个国家的比较成熟的市场经济制度体系中，竞争政策是其他经济政策
的基础（陈秀山，1995），且通常被视作与产业政策相区别的政策工具。
在欧美市场经济国家竞争政策发展之初，各国政策重点主要放在对市场主
体的反竞争行为，即反垄断行为的规制上，后来，逐步加大了对政府反竞
争行为的规制力度（徐士英，2015）。如果说，反垄断属于竞争政策的第
一类问题，反政府反竞争行为则属于竞争政策的第二类问题。竞争中性原
则主要与竞争政策的第二类问题有关，即针对政府介入经济活动所带来的
竞争扭曲或不公平竞争问题，且主要与政府因所有权因素而对市场竞争产
生的负面影响有关。

澳大利亚是全世界第一个也是迄今为止唯一一个在其国内系统推行了
以竞争中性政策为重要组成部分的全面性的竞争政策改革的国家。其改革
背景是，20 世纪 70 年代中后期至 80 年代，为促进国家生产率的提升，澳
大利亚推行了一系列的经济自由化政策，但直到 80 年代后期，受全球性股
灾的冲击与影响，其经济仍处于滑坡状态，且国有企业经营不善问题越来
越突出。1991 年 3 月 12 日，连续担任四届总理的鲍勃·霍克（Bob
Hawke）发布了"建设有竞争力的澳大利亚"的声明，除对外继续降低关
税外，还提出了要努力消除国内市场的竞争政策壁垒，将竞争引入那些因
受到产业管制或国有产权保护而长时期处在舒适区的国有部门和国有企业
中去——霍克称其为最具雄心、最复杂，同时也是最有可能取得大的进展
的改革举措。这一改革思路的提出，与澳大利亚特殊的行政区划的基本国
情有关。澳大利亚由 6 个州组成，州政府有一定的立法权，而联邦政府不
能干预——霍克称此运行状态更像是"6 个经济体，而非 1 个"。在澳大利
亚特殊的行政与司法体制下，联邦法规并不能有效约束和影响州层级的竞

争政策，各级国有企业受到"国家免责"原则的法律保护。霍克提倡新联邦主义（the New Federalism），自上而下地对政府事务进行整体性的改革。在1991年6月30日至31日于悉尼召开的特别总理（Premiers）会议上，各州一致同意，打造国家竞争政策（National Competition Policy，NCP）。

1991年12月，霍克卸任，时任财政部长、自由派的保罗·基廷（Paul Keating）接任总理，延续了霍克的政策思路。在1992年2月的声明中，基廷将国家竞争政策视作20世纪90年代澳大利亚经济社会发展战略的七大要素之一。同年10月4日，澳大利亚政府在结构调整委员会下设了一个子委员会，任命弗雷德里克·希尔默（Frederick George Hilmer）为主席，系统审查在全国推行竞争政策改革的机会。1993年8月25日，该委员会提交了《国家竞争政策审查》报告，简称"希尔默报告"（*The Hilmer Report*）。希尔默报告将"竞争中性"作为国家竞争政策的六大措施之一而提出来。另外五大措施分别是：一是竞争例外，指企业的反竞争行为；二是对竞争的管制限制（Regulatory Restrictions）；三是公共垄断中限制竞争的结构性问题；四是对管网、电网与交通等领域的垄断性基础设施的第三方接入限制（Restrictions on Third-party Access to Facilities）；五是垄断定价。1994年2月25日，澳大利亚政府决定，采纳希尔默报告的大多数建议，推进微观经济改革。

自1995年起，澳大利亚确定了为期十年的竞争政策改革计划。照此计划，各级政府每年将对其改革进展进行回顾与报告。澳大利亚联邦政府制定了执行改革计划的奖励政策（the Competition Payments），以鼓励各州政府及地方政府按照承诺协议，在电力、天然气、交通和水力设施等公共事业领域推进竞争中性的政策改革。凡履行承诺、取得了令人满意的改革进展的地方政府，可以获得奖励金；未履行好承诺的地方政府，将失去相应的奖励金，以作为惩罚。在2003~2004年度的评估中，24%的奖励金没有被支付出去，各地改革明显提速后，奖励金才在随后几个月间陆续发放到位（OECD，2011）。

从其十余年的实践情况看，澳大利亚在竞争中性政策方面的努力取得了一定的成绩，但也存在一些深层次的难以解决的问题。首先，竞争中性政策无法从根本上解决国有企业的问题。其次，尽管重大商业活动基本都进入了受竞争中性政策规范的范围之内，但其政策覆盖面仍有待拓展，尤其是在特殊产业领域，竞争中性政策进展较慢。再次，投诉机制与程序虽然逐步建立起来了，但仍然有待改进与完善。最后，大多数国有企业的投资回报率长期低于商业化水平。

2. 作为国家与国家之间经贸规则的竞争中性

竞争中性也可以被用作不同国家之间有关国际贸易活动的协定规则。2003 年，澳大利亚在和新加坡签订自由贸易协定时，第一次将其国内法中趋于成熟的竞争中性条款写入了跨国协议的文本内容之中。澳大利亚和新加坡这两个国家都有国有企业，这一规则对双方构成了对等的约束。2005 年，美国在与澳大利亚签订自由贸易协定时，也引入了这一制度安排。按照美国的要求，澳大利亚将竞争中性条款的适用范围从本国的国有企业和民营企业扩展到了在澳大利亚设立的美资企业。

2008 年国际金融危机是一个转折性的时点。为应对危机，无论是发达国家，还是新兴市场经济国家，纷纷加强了国家对市场的介入与干预。美国在自身经济霸权出现衰弱迹象的情况下，开始对以中国为代表的新兴经济体国家在国际经贸交往中日趋占优的发展态势及其国有企业不断提高的影响力予以警惕，首先是对金融危机前后浮现出来的众多财力雄厚的国家主权基金的批评（Gerard，2008）。

2011 年，对竞争中性而言，是一个有转折意义的年份。这一年 5 月 3 日，美国国务院负责经济、能源和农业事务的副国务卿罗伯特·霍马茨（Robert Hormats）在华盛顿召开的美中年度对话上，以竞争中性为主题发言。霍马茨将全球经济中对美国企业构成竞争威胁的力量，指向了与西方的自由模式截然不同的国家资本主义（State Capitalism），他认为，法国、日本、韩国都曾经在历史上奉行过国家资本主义。霍马茨指出，在国家资本主义模式中，受国家支持的企业（包括国有企业），相对那些没有国家支持的跨国公司而言，开展的是不公平竞争。对此，霍马茨首次代表美国官方，明确将"竞争中性"作为应对国家资本主义挑战的新的理论与政策工具，主张将针对国有企业的规范性条款纳入国际贸易规则体系，以确保美国企业的全球竞争力。霍马茨表示，正在与 OECD 合作构建竞争中性框架指引，用作解决国家资本主义所带来的各种问题。据霍马茨所说，OECD 形成竞争中性框架之后，美国将说服新兴的和发展中的经济体采纳它。

霍马茨的言论在随后几年间被贯彻实施。美国在《跨太平洋伙伴关系协议》（*Trans-Pacific Partnership Agreement*，*TPP*）等双边或多边贸易安排中不遗余力地推动竞争中性规则的国际法化（黄志瑾，2013），视其为"面向 21 世纪"的高标准规则之一（东艳、张琳，2014）。2012 年，在欧盟和美国《关于国际投资共同原则的声明》中，竞争中性被导入了双方正在商议的《跨大西洋贸易与投资伙伴协定》（*Transatlantic Trade and Investment Partnership*，*TTIP*）。在美国的强力推动下，竞争中性逐步实现了从少数几个国家之间适用的贸易规则，向更加广泛的国际贸易规则中的标准性的制度配置转变。

3. 作为国有企业公司治理原则的竞争中性

竞争中性还可以作为微观层次国有企业的公司治理原则，用于规范企业经营活动，同时，也可以拓展为对政府与国有企业之间关系的规制。OECD 在为竞争中性原则与国有企业公司治理这二者牵线搭桥方面，发挥了至关重要的作用。早在 20 世纪末，OECD 就同时关注着两个方面的研究议题：一是国有企业公司治理问题；二是竞争政策问题。之前，欧盟国家遵守的欧共体条约（EC Treaty）中有关于竞争政策的专门规定，但这些规定并不特别关注企业的所有权因素。因此，OECD 对两个议题的研究，在相当长的一段时间里是分别进行的。2004 年 6 月，OECD 竞争委员会召集讨论了有关公共部门或国家实体的市场竞争活动的监管问题，第一次将研究视角锁定在国有企业与竞争政策两个议题的交集上，讨论了在公共部门领域国家所有权介入商业活动而造成的竞争扭曲的实践问题。2004 年 10 月 1 日，OECD 发布了此次圆桌会议报告，后于 2005 年 2 月 1 日进行了更新。在应对有关实践问题时，荷兰、瑞典等欧洲国家并没有使用竞争中性这个概念，而是各自在本国的竞争法制度框架内寻找解决方案。2005年，OECD发布了《OECD国有企业公司治理指引》。可见，在面对不同的研究侧重点的选择时，OECD将工作重点暂时放在了国有企业公司治理的议题上。

直到2008年国际金融危机之后，OECD的研究立场才伴随着形势变化而出现了转变。随着以美国为代表的发达国家与以中国为代表的新兴经济体国家的竞争冲突越来越聚焦在以国家力量为支撑的国有企业群体上，OECD的研究侧重点逐步从不那么关注企业所有制特性的竞争政策，转向了日益突出国有企业的所有制特殊性的公司治理问题。2009年2月，OECD召开了全球竞争论坛，讨论国家产业政策如何培育和偏护国家冠军企业，又如何与竞争政策相冲突。同年10月，OECD竞争委员会发布报告，明确地将竞争中性原则与国有企业问题关联在一起。这份报告里使用的是"竞争中性原则"，而不是"竞争中性政策"。OECD的观点是，有鉴于反垄断等竞争政策手段在保障国有企业与私营企业之间的公平竞争方面独木难支的状况，同意将"竞争中性"这个概念原则性地运用于对各国国有企业的规制，即除少数例外情况外，原则上应该使竞争政策同等适用于国有企业和非国有企业。当然，OCED的研究者非常清楚，在现实中，真要做到围绕竞争中性原则，形成一个完整的政策体系，这对一国政府而言是巨大的挑战。

与霍马茨的发言相呼应，2011年5月，OECD迎来了50周年纪念日，在其主席的大会致辞中，强调了所有企业信守竞争中性原则的必要性。也就在这个月，OECD发布了《竞争中性与国有企业：挑战和政策选择》，明确将竞争中性引入国有企业实践的立场，这份报告指出，遵守《OECD国有企业公司治理指引》，对实现竞争中性大有助益。2012年发布的《竞争中性：确保国营企业和私营企业之间的公平竞争环境》，详细阐述了有关竞争中性的八项要求。霍马茨的发言，明确提及了八项要求中的税收中性、债务中性、监管中性、商业回报率、真实成本定价五项，他反复提到的政府对于企业的扭曲竞争的支持涵盖了有关补贴和政府采购的内容，也被包涵在八项要求之中。八项要求还包括对国有企业组织形式合理化及对公共服务义务的核算这两个方面，这既是澳大利亚在其政策改革实践中的经验，也是 OECD 倡导的国有企业治理原则中的内容。

国内有不少文献讨论了这八项要求的内容，本章在此强调两点有关 OECD 论述的竞争中性原则与澳大利亚实践的竞争中性政策的差别。第一，二者在制度内涵的层次上有所差别。澳大利亚有关竞争中性内涵的理解更加偏向中观层次，依托于宏观层次的国家竞争政策改革框架。OECD 所论述的竞争中性原则偏向于微观层次，与 OECD 持续关注各国国有企业治理的知识背景有关。第二，二者在制度实践安排上存在明显差别。澳大利亚的竞争中性政策实践强调建立竞争中立投诉与调查机制、定期审查机制，这些安排是具体的和有实际操作意义的。而 OECD 论述的竞争中性是原则性的、建议性的，其制度设计中融入了澳大利亚的政策实践内容，但又不止于此，添加了更多的理论探讨的理想色彩。我们在论述竞争中性问题时，不能奉 OECD 文本为圭臬或指南，而要坚持从我国国情实际出发，对潜在的本本主义倾向要引起注意和予以避免。

三、竞争中性原则在我国的政策应用

我国正在政策层面引入竞争中性原则，这种变化发生在中美贸易冲突的背景之下，既有加快改革开放的内在需要，又有应对来自外部的制度变革压力的现实考虑。近年来，竞争中性原则已经作为对我国竞争政策的补充和完善工具来使用了。未来，是否将竞争中性原则与国有企业改革进行更加紧密的连接，还有待观察。

1. 作为竞争政策的有机组成部分

2018 年是中美经贸摩擦年。竞争中性原则，则是中美贸易谈判中的一个重要关切点。2018 年 9 月 24 日，国务院新闻办发表了《关于中美经贸摩擦的事实与中方立场》白皮书。9 月 25 日，美国贸易代表莱特希泽（Robert Lighthizer）、日本经济贸易和工业部部长世耕弘成（Hiroshige Seko）和欧盟贸易委员西西莉亚·玛姆斯托姆（Cecilia Malmstrom）签署了"美日欧联合声明"，表达了对第三国非市场导向的政策和做法的共同关切，提及了在经贸规则上的考虑，其中一项重要内容是强调了确保公平竞争的重要性，考虑制定有效的规则来解决国有企业扭曲市场行为和有害的补贴行为的问题。具体涉及如国有银行对低信用水平公司的贷款，包括有政府隐性担保的情况；政府或政府控制的投资基金所做的非商业性的股权投资；非商业性的债转股；投入的优惠价，包括双重定价；对重组乏力的困难企业的补贴；导致或维持产能过剩的补贴。这一联合声明表明，在美国连续数年的大力推动之下，日本与欧盟对以中国为代表的新兴经济体的"国家冠军企业"、国有企业在全球经济竞争中的不利影响的观点，有所认同。

2018 年 10 月，我国就有关竞争中性原则的问题表明了立场。首先，2018 年 10 月 5 日，在阿根廷举行的 2018 年二十国集团工商峰会（B20）上，我国代表发表声明，反对了 B20 政策建议文件中片面突出国有企业扭曲市场竞争的议题。B20 中有关贸易和投资的文件，将未来多边贸易体系的第一项议程指向了与国家相关的竞争扭曲问题，要求 G20 确保其国有企业不获取非商业支持，从而确保投资和贸易领域的公平竞争。在政策建议中，第一项即为按照竞争中性原则，纠正国有企业的扭曲行为。随后，10 月 14 日，中国人民银行行长易纲在 G30 国际银行业研讨会上表示："考虑以竞争中性原则对待国有企业"。然后，10 月 15 日，国务院新闻办举办了 2018 年前三季度中央企业经济运行情况发布会，国务院国资委新闻发言人彭华岗在答记者问时表示：国有企业改革目标同竞争中性原则是一致的；中国提倡所有制中立，反对因企业所有制的不同而设置不同的规则，反对在国际规则制定中给予国有企业歧视性待遇。

综合上述情况来看，一方面，我国反对以美国为首的西方国家将其认定正确的规则强加于我方，强烈抵制对发展中国家迅速壮大的国有企业的歧视性批评，因为这些做法本身违背了构建全球的公平和开放竞争的市场经济体系的要求；另一方面，从本国国情出发，我们愿意积极主动地运用竞争中性原则来帮助国有企业深化改革，包括促进形成公平竞争的市场体系和加快推进国有企业改革。

2018年12月24日，"竞争中性原则"首次在国务院常务会议上出现了，随后，又在2019年3月5日的《2019年政府工作报告》中出现，并与当年部署实施的优化营商环境的工作进行了结合。按照相关会议精神，我国正在依据竞争中性原则，加快清理修改相关法规制度，力争在要素获取、准入许可、经营运行、政府采购和招投标、行业监管等方面，完善国家、省、市、县四级政府全覆盖的公平竞争审查制度，建立投诉举报、第三方评估等机制，实现对各类所有制企业、对大中小企业一视同仁的平等对待。

到目前为止，我国是将竞争中性原则作为补充和完善竞争政策的工具来使用的。过去，我们的竞争政策主要体现为反垄断政策，强调规制市场主体的反竞争行为，也就是解决竞争政策的第一类问题。现在，针对国民经济运行中出现的现实情况和问题，我们已经在着手解决竞争政策的第二类问题，即解决政府不当干预市场的经济活动及由此造成的排除或限制竞争行为的问题，希望能够通过建立和完善公平竞争审查制度，发挥竞争政策在连接"市场在配置资源中起决定性作用"和"更好发挥政府作用"之间的纽带作用（徐士英，2015）。具体而言，在用地、资金等要素获取环节，在企业准入许可、资质标准、经营运行等行业监管环节，以及在政府采购和招投标领域这几个方面，各级政府正在加快清理和纠正各级政府或相关机构针对不同所有制企业的歧视性做法，或是在没有法律依据的情况下做出的差异性规定。

我国的做法与澳大利亚旗帜鲜明地将竞争中性原则同国有企业改革相挂钩的做法不同。到目前为止，我们仍然只是在考虑如何将竞争中性原则运用于国有企业改革。也就是说，我们已经在运用竞争中性原则来帮助解决竞争政策的第二类问题，但我们并没有像澳大利亚那样，将竞争中性问题指向主要与国有企业相关的问题。这种处理方式和欧盟国家的做法相接近。欧盟国家重视竞争政策，甚至提出了竞争政策应该优先于成员国的产业政策（王晓晔，2001）。在相当长的时期里，大部分 OECD 国家的竞争法作为历史悠久且发展成熟的竞争法规，本身不考虑企业的所有制因素，而只是考虑企业经营行为是否扭曲市场公平竞争（唐宜红、姚曦，2013）。这也就是前文提及的，为什么 2004~2008 年 OECD 关注了澳大利亚的竞争中性实践，却仍然将其主要放在竞争政策的框架下进行研究。对大部分 OECD 的成员国而言，国有企业经营活动的范围和影响力有限，少数特殊的国有企业有豁免竞争法规制的特权，而这些制度对其市场经济体系正常运行没有大的妨碍。我国的国情显然不同于这些 OECD 成员国的情况。

2. 竞争中性原则与国有企业改革

我国的国有企业量大面广，在国民经济中发挥举足轻重的作用。这种国情决定了尽管很多人认同竞争中性原则对我国国有企业改革具有潜在的积极意义，但是，对竞争中性原则到底应如何具体运用于国有企业改革的有关实践问题，仍需要进一步审慎研究。

首先，政策立场问题。一方面，竞争中性原则同我国国有企业改革方向有相一致的地方，有其政策应用的合理性一面。例如，竞争中性原则可以进一步硬化对国有企业的预算约束（田野，2018）。另一方面，我们反对以美国为代表的欧美国家对国有企业的所有制歧视，强调欧美国家不要戴有色眼镜看待国有企业。出于对美国在国际贸易规则上不公平与不对等的霸凌行为的顾虑，我们不愿意贸然承诺以其主张的规则来改革国有企业。到底是将竞争中性主要作为在国内推行的竞争政策原则来运用，还是将竞争中性作为国家与国家之间的贸易规则，再或者是作为主要针对国有企业的非竞争性行为的约束规范来接受，这一基本性的政策立场问题，属于从决策层面上需要予以明确的问题。

其次，理论层面的问题。将竞争中性原则和我国国有企业改革关联在一起，需要解决好如何正确理解"竞争中性"与"所有制中立"的关系的问题。自 2018 年底提出以来，"所有制中立"这个概念已经在我国理论界引起了争议。如果说，竞争中性是一个已经有相当的研究基础的概念和政策原则，那么，"所有制中立"则是"一个模糊不清的概念"（简新华，2019）。继"所有制中立"这个模糊不清的概念之后，又出现了"所有制中性"这个更加模糊的概念，甚至上升为"所有制中性论"。有观点认为，"中性"原则可以进一步延展到"所有制中性"，而"竞争中性"和"所有制中性"这两个"中性"原则的内核，同我国的基本经济制度的内涵及"两个毫不动摇"的要求是一致的，强调的都是市场经济的规律，即各种市场主体的所有制成分在政策环境、法律保障、要素供给等方面，俱应平等竞争、一视同仁（高尚全，2019）。对此，也有观点指出，"所有制中性论"试图糅合"所有制中立"和"竞争中性"这两个概念，但混淆和淡化了企业的所有制属性（周文、包炜杰，2019）。更有观点直指，"所有制中立"是行不通的，从根本上违反了马克思主义（周新城，2019）。

我们的理解是，"所有制中立"一词的出现，其实际目的在于用以抵制和化解国外强加于我国的竞争中性改革中的不恰当的制度压力，其用意是好的。如果忽略掉这一层实用主义的考虑，将"所有制中立"这样一个为实用主义目的而造的概念，简单地引入理论争论或试图将它用于平抑理论争执，这种处理方式欠妥当。如果"所有制中性"和"竞争中性"一致，就不需要另提"所有制中性"；如果"所有制中性"或"所有制中立"和"竞争中性"有不一致的理论内涵，那就应该将有关概念的理论研究工作做得更加扎实。无论采取哪一种研究的出发点，我们都应该坚持有利于解决当前我国经济改革发展实践中的难点问题的基本立场，力求发挥出竞争中性原则对助力我国深化国有企业改革的积极意义，以避免我们原本有意推进的与竞争中性原则相一致的促进市场公平竞争的改革任务，遭受理论纷争的不必要的困扰。

最后，政策实施在技术层面的问题。OECD 的报告曾指出，在世界范围内争取对竞争中性原则的支持，是一件相对容易办成的事，但将竞争中性原则付诸实践，却是一件要难得多的事。举一例而言，如确保商业回报率这项要求，无论它在理论上多么雄辩和有说服力，但在各国国有企业的经营活动中，普遍表现苍白，难以经得起长期的实践检验。至于其他方面要求，正如前文已经阐述的，我们的国情决定了贯彻实施有关政策的难度不容小觑。过去十余年，OECD 力推竞争中性原则，多数 OECD 的成员国表示，愿意在其综合竞争政策体系或竞争法中融入竞争中性原则。这些国家都是市场经济体系比较发达的国家，国有经济占比低，不存在像澳大利亚那样推进系统性改革的情况。对像中国这样的市场经济仍然处于完善过程中的大国而言，将竞争中性原则系统性地运用到竞争政策改革及国有企业改革中去，将涉及对整个国家竞争法规、政府补贴、政府采购、税收、行业监管、国有企业运营与监管、会计核算等各个相关领域的法规政策的重新调整与一致化。

综上所述，我们不宜孤立地思考竞争中性原则的应用问题，而应该积极稳妥地探讨和对待竞争中性原则与国有企业改革及其他领域改革的关联性。否则，对实现公平竞争、提升经济效率和提高国有企业绩效水平的多重政策目标而言，竞争中性原则只是一项效用比较有限的政策工具。

参考文献

［1］Lanneau R., Competitive Neutrality. Encyclopedia of Law and Economics, 2017, 1-4. doi：10.1007/978-1-4614-7883-6_646-1.

［2］L. Gerard，State Capitalism：The Rise of Sovereign Wealth Funds，14 Law and Business Review of The Americas（179），2008，https：//scholar. smu. edu/lbra/vol14/iss1/13.

［3］OECD, Competition Policy, Industrial Policy and National Champions, 2009b, http：//www. oecd. org/daf/competition/44548025. pdf.

［4］OECD, Competitive Neutrality：Maintaining a Level Playing Field Between Public and Private Business，2012，OECD Publishing.

［5］OECD，Regulating Market Activities by Public Sector，2004，http：//
www. oecd. org/officialdocuments/publicdisplaydocumentpdf/？cote = DAF/COMP
（2004）36&docLanguage=En.

［6］OECD，State Owned Enterprises and the Principle of Competitive Neu-
trality，2009a，http：//www. oecd. org/daf/ca/corporategovernanceofstate－owne-
denterprises/50251005. pdf.

［7］Robert D. Hormats.，Ensuring a Sound Basis for Global Competition：
Competitive Neutrality，2011.

［8］UNTCAD，Competitive Neutrality and Its Application in Selected De-
veloping Countries，2014，https：//unctad. org/en/PublicationsLibrary/ditcclp-
misc2014d1_en. pdf.

［9］陈秀山：《我国竞争制度与竞争政策目标模式的选择》，《中国社
会科学》1995 年第 3 期。

［10］丁茂中：《我国竞争中立政策的引入及实施》，《法学》2015 年
第 9 期。

［11］干潇露：《竞争推进与竞争中立：政府反竞争行为规制研究》，
《浙江树人大学学报》（人文社会科学版）2012 年第 2 期。

［12］高尚全：《坚持基本经济制度 把握"两个中性"原则》，《宏观
经济管理》2019 年第 7 期。

［13］黄速建、肖红军、王欣：《竞争中性视域下的国有企业改革》，
《中国工业经济》2019 年第 6 期。

［14］黄志瑾：《论国家安全审查措施在 WTO 中的可诉性》，《河北法
学》2013 年第 12 期。

［15］简新华：《"所有制中性"是市场经济规律还是谬论？》，《上海经
济研究》2019 年第 5 期。

［16］刘戒骄：《竞争中性的理论脉络与实践逻辑》，《中国工业经济》
2019 年第 6 期。

［17］沈铭辉：《"竞争中立"视角下的 TPP 国有企业条款分析》，《国际经济合作》2015 年第 7 期。

［18］宋彪：《竞争中性的渊源、政策目标与公共垄断改革》，《经济法研究》2017 年第 1 期。

［19］唐宜红、姚曦：《竞争中立：国际市场新规则》，《国际贸易》2013 年第 3 期。

［20］田野：《国际经贸规则与中国国有企业改革》，《人民论坛·学术前沿》2018 年第 23 期。

［21］王晓晔：《竞争政策优先——欧共体产业政策与竞争政策》，《国际贸易》2001 年第 10 期。

［22］徐士英：《竞争政策视野下行政性垄断行为规制路径新探》，《华东政法大学学报》2015 年第 4 期。

［23］余菁、王欣等：《国家安全审查制度与"竞争中立"原则——兼论中国国有企业如何适应国际社会的制度规范》，《中国社会科学院研究生院学报》2014 年第 3 期。

［24］周文、包炜杰：《"所有制中性论"辨析：争议与问题》，《马克思主义与现实》2019 年第 4 期。

［25］周新城：《所有制中立是行不通的》，《黄河科技学院学报》2019 年第 4 期。

第二章
竞争中性原则与国有企业公司治理

公司治理是一组规范各利益相关者的、有关权责利关系的制度安排，是现代企业最重要的制度框架。公司治理涉及股东、董事会、经理层以及其他利益相关者之间的相互制衡关系。通过合理的治理结构和有效的治理机制，能够激励董事会和经理层去实现那些符合股东、经营者和其他利益相关者的目标，也可以对参与治理的各类主体进行有效的监督，确保企业运营效率的提升。相对于其他企业而言，国有企业的公司治理具有一些特殊性。纵观中华人民共和国成立以来尤其是改革开放以来的演变历程，国有企业的公司治理变革是与国有企业的改革历程紧密联系在一起的。概括而言，国有企业从改革开放之前的行政型治理模式，向市场化改革初期的自主型治理模式转变，再向以现代企业制度为目标的公司制转型，然后逐步建立以董事会为核心的规范治理结构，最后在新一轮国资国企改革引领下推行差异化治理模式。在此过程中，国有企业的公司治理水平得到显著提升，从而促进了国有企业的竞争力和影响力不断提升。伴随竞争中性原则在全球范围的关注度不断提升，以 OECD 为代表的国际组织对国有企业公司治理提出了新的要求，将"竞争中性"原则的核心要义与公司治理规则相互融合。中国国有企业在建设世界一流企业的目标指引下，必须重新审视国际公司治理制度变迁的新动向，结合国有企业分类改革和公司治理现代化建设，进一步完善国有企业公司治理制度体系，提升国有企业现代化治理能力。

一、国有企业公司治理模式演变历程

经过 70 年的发展尤其是 40 年的改革，我国国有企业已经从传统的计划经济体制下的附属物，逐步向市场经济体制下的现代企业转变（黄群慧，2018）。在国有企业公司治理制度变迁的过程中，并不存在以往可以借鉴的经验，更多的是采取"摸着石头过河"——探索式渐进改革的思路。基于黄群慧（2018）提出的"新型国有企业"演变路径，根据国有企业在推动公司治理制度改革中出现的拐点事件，可以将国有企业公司治理变革的过程划分为五个主要阶段：

1. 计划经济体制下的行政型治理时期（1949~1978 年）

中国国有企业的建立是与中华人民共和国的建立同时起步的。通过没收官僚资本和外国在华资本，改造民族私人资本，以及国家大规模的投资兴建，我国国有经济发展有了自己的队伍，形成了中国国有经济发展的主力军。在当时的背景下，苏联高度集中的计划经济体制和企业管理模式成为我国唯一的选择，这种国有企业的公司治理模式可以被称为行政型治理模式。这种治理模式最大的特点是政企不分导致的企业治理行为的行政化。一方面，国有企业的管理人员具有行政级别，属于国家的干部系列，根据级别高低由党组织或政府任命（或批准任命）；另一方面，国有企业内部实行的是生产车间式管理，由上级国家机关对国有企业的生产、计划、投资、财务、人事、劳动、工资、物资、销售以及员工福利等方面进行集中管理。这种模式下的国有企业也被称为"国营企业"，不但企业的资本归国家所有，而且企业由国家直接经营，国有企业的控制权高度集中于中央政府。概括而言，在传统的计划经济体制下，国有企业更多体现为完全的国家意志，在经营活动中实行的也是"统收、统支和统配"，并没有成为真正意义上的独立市场主体。这种治理模式的直接后果是，国有企业治理边界模糊和责任主体的缺位，使国有企业失去了应有的活力，并产生了高昂的治理成本。

2. 确立市场地位后的自主型治理时期（1978~1993 年）

1978 年召开的党的十一届三中全会，开启了真正意义上的国有企业改革历程，也标志着我国国有企业的公司治理模式进入了一个全新的阶段。在改革开放初期，最重要的是确立国有企业独立的市场竞争主体地位，这是促使国有企业公司治理模式变革的前提和基础。为此，我国推行了放权让利、利改税、承包经营责任制等一系列改革举措，核心目的就是让国有企业逐渐从政府的附属物中解放出来，企业的经营自主权也逐步扩大。与此同时，在国有企业领导体制改革的背景下，国有企业的内部治理结构也相应发生了变化，从党政领导下的负责制逐步演变为厂长（经理）负责制。在这一阶段，随着国有企业内部治理结构的不断完善，国有企业内部的监督与指挥职能以及相互之间的制衡机制也初步建立。国有企业内部已经按照有关法规建立了内部组织机构，一是坚持和完善厂长（经理）负责制，保证厂长（经理）依法行使职权；二是企业中的党组织发挥了政治核心作用，保证监督党和国家方针政策的贯彻执行；三是工会与职工代表大会也积极组织职工参加企业的民主管理，维护职工的合法权益。这种三权制衡的机制形成了我国国有企业内部权责分明、团结合作、相互制约的机制，在很大程度上调动了各方的积极性，激发了国有企业的发展活力。

3. 现代企业制度导向的公司化改制时期（1993~2003 年）

1993 年《中华人民共和国公司法》的颁布，是国有企业公司治理转型的一个关键转折点。由此开始，我国国有企业进入了建立现代企业制度的重要时期。这一时期，国有企业改革的目标被设定为：建立"产权明晰、权责明确、政企分开、管理科学"的现代企业制度，通过产权多元化、上市等来推行公司化改制，从名义法人转变为真正法人，同时推进了国有企业民营化、使国有企业逐渐从竞争性领域退出等多种措施。伴随经济体制改革和国有企业改革的不断深化，我国国有企业的治理模式也逐步从计划经济体制下的行政型治理向市场经济体制下的公司制转变。国有企业的治理结构也发生了显著变化，在传统的国有企业中，党委会、厂长（经理）、职工代表大会分头负责的横向分权模式，转变成由股东会、董事会、经理层和监事会组成的相互制约的纵向授权模式。然而，现代企业制度的建立并不是一蹴而就的，国有企业在经理治理模式转型的过程中，面临着内部责权利配置、"新三会"与"老三会"的关系等诸多复杂的现实问题。与此同时，随着经济体制改革的逐步深入，国有企业所面临的外部市场逐步规范化，国有企业发展的融资市场、股票市场、经理人市场以及产品市场等外部治理环境逐步成熟，对国有企业形成了有效的外部治理机制。尽管国有企业初步建立了相互制衡的治理结构，但是由于改革尚不彻底且行政干预仍然存在，普遍存在委托代理问题，并产生了较为严重的内部人控制问题。国有企业公司治理的进一步规范，需要国有企业管理体制和政企关系的深刻变革。

4. 国有资产管理体制改革推动的规范化治理时期（2003~2012 年）

2003 年，国务院国有资产监督管理委员会（以下简称"国资委"）正式成立，标志着新的国有资产管理体制的建立，这也促使国有企业的公司治理模式得到进一步规范和完善。与此前的治理模式不同，由国资委统一行使国有企业出资人的职责，实现了政府与企业相分离。政府不再直接干预企业的微观运行，而是通过市场进行宏观调控，间接引导企业行为。在新的治理框架下，国资委以企业出资人和股东的身份，依法行使出资人和股东的权力，通过委派董事、监事对国有企业进行管理和监督。国资委的成立改变了我国国有资产多头分散管理的状况，突破了国有资产管理体制相对滞后的体制性障碍，促使我国国有企业改革进入了由出资人依法推进的新阶段。在这个阶段，国有企业按照现代企业制度的要求，规范了公司股东会、董事会、监事会和经营管理者的权责，进一步完善了企业领导人的聘任制度。同时，国有企业积极探索市场化选聘企业经营管理者的机制，以及现代企业制度下职工民主管理的有效途径，深入推进企业转变经营机制，深化劳动用工制度、人事制度和收入分配制度改革，分流安置富余人员，分离企业办社会职能，创造企业改革发展的良好环境。在一系列的改革举措推动下，国有企业逐步走上了规范化的公司治理轨道。

5. 深化改革背景下的差异化治理时期（2012 年至今）

2013 年召开的党的十八届三中全会，成为新时期深化国资国企改革的又一个重要里程碑。从国家层面明确提出 "经济体制改革是全面深化改革的重点，核心问题是处理好政府和市场的关系"，确立了 "让市场在资源配置中起决定性作用" 的改革目标，稳妥地从广度和深度上推进市场化改革，推动资源配置依据市场规则、市场价格、市场竞争实现效益最大化和效率最优化。在前期国有企业改革取得显著成效的基础上，新一轮改革以国有企业分类改革为基本思路，着力推进三级国有资产管理体制、混合所有制改革、职业经理人制度、员工持股制度等多个领域的改革。按照分类改革原则，根据国有企业承担的使命和功能定位，将其划分为公益类和商业类，其中商业类又细分为商业一类和商业二类。针对不同类型的国有企业，采取差异化的监督管理体制和考核评价体系，同时形成了与企业分类相匹配的差异化的公司治理模式。在新时期国有企业公司治理转型中，主要的改革举措包括改组国有资本投资、运营公司，改革国有资本授权经营体制，建立以 "管资本" 为主的国有资产管理体制。为此，2018 年出台了《关于推进国有资本投资、运营公司改革试点的实施意见》；2019 年印发了《改革国有资本授权经营体制方案》，明确提出分类开展授权放权等改革要求；同年又发布了《国务院国资委授权放权清单（2019 年版）》。其中，国有资本投资、运营公司是国家授权经营国有资本的公司制企业，是国有资产的直接出资人代表，持有现有国有企业股权，代表国家行使出资人的职责。这两类公司的发展必将促使国有企业公司治理步入一个新的阶段，也将最大限度地激发国有企业的发展活力，向具有国际竞争力的世界一流企业迈进。

二、竞争中性原则对国有企业公司治理的要求

竞争中性原则对国有企业公司治理提出了新要求，突出表现在三个方面：首先，竞争中性原则要求政府市场监管职能和所有权职能的有效分离；其次，竞争中性原则要求国有企业建立制衡有效的多元公司治理体系；最后，竞争中性原则要求国有企业增强信息披露，提升运营透明度。

1. 竞争中性原则要求政府市场监管职能和所有权职能有效分离

OECD 在过去十年间发表了一系列关于国有企业公司治理和竞争中性的研究报告和政策指引。通过研读这些文件可以发现，竞争中性原则的核心要义主要涉及三个层次：首先是政府如何有效行使市场监管职能，采取有效措施维护国有企业与其他企业的公平竞争关系。政府需要确保各类市场主体公平竞争的市场环境，避免通过管理和监督权扭曲国有企业和私营企业之间的竞争。其次是政府如何规范行使其所有者权力，不过多干涉国有企业作为独立市场主体的经营管理行为。作为国有企业的所有权人，政府有义务积极行使其作为所有者的权力，如提名董事会成员等。同时，政府要避免对公司的日常经营管理施加过多的政治干预。最后是国有企业如何严格遵守市场化规律，建立科学的公司治理体系，坚持以透明的方式运营。为实现这一目标，必须对国有企业的功能定位进行清晰界定，厘清国有企业承担的公共服务职能和经济职能。这一层次涉及国有企业运行形式、成本核算、回报率要求和信息公开等具体议题。

由此可以看出，竞争中性原则蕴含的一个前提条件是，政府市场监管职能和所有权职能的有效分离，要求政府在行使其权利时不损害市场竞争原则，避免政府既是"裁判员"又是"运动员"导致的利益冲突。但是，由于政府目标的多重性和国家所有权的复杂性，两权分离既是竞争中性政策在各国实践中的难点之一，也是国有企业占比较高的国家在国际上备受诟病的原因之一。从主要发达国家的实践经验来看，破解这一难题的关键在于：一方面，推进政府监管制度改革，提高政府战略目标、政策制定与执行的信息透明度；另一方面，促进国有企业建立规范有效的公司治理体系，厘清政府作为国有股东的权利、义务和行为方式。

尽管各国政府部门履行所有权职能的组织形式不同，但是关于国家（政府）作为国有企业所有者的主要职责，这些国家在实践探索中基本达成了一些共识（OECD，2008）。2005 年，OECD 发布了《OECD 国有企业公司治理指引》，将各国经验归纳为以下几个方面：首先，制定国家所有权政策，以明确国家所有权的全部目标及优先顺序。挪威贸易与工业部发布的《政府所有权政策报告》，促使国家所有权政策具有更大的透明度。同时，挪威政府考虑到国有企业承担的公共服务和特殊职能，将国有企业划分为四种不同类型，并制定不同的所有权政策目标。法国财政经济部授权出台了《国家所有权特别报告》，明确划分和规制所有权职能，将国有企业的竞争性业务和非竞争性业务分开，从而避免交叉补贴，创造一个公平竞争的环境。其次，国家作为一个积极的所有者，应该在法律框架内行使其所有者权利。具体职责主要包括委派代表出席股东大会并行使投票权；建立规则透明的董事会提名程序并积极参与董事会的提名。再次，建立报告制度，定期对国有企业的经营绩效进行监督和评估。例如，意大利经济和财政部作为国家所有权机构，要求国有企业提供年度预算报告、经营业绩的半年度报告、公司规划等。英国股东执委会要求国有企业每季度进行一次审查，内容包括股东关系、董事会和管理层、公司战略执行情况以及财务业绩等。最后，国家作为所有者不应干预国有企业的日常管理，应该给董事会和管理层明确授权，尊重董事会的独立性，并促使董事会履行受托责任。

2. 竞争中性原则要求国有企业建立多元制衡的公司治理体系

建立多元制衡的公司治理体制机制，是国有企业建立健全现代企业制度的关键环节，也是竞争中性原则与公司治理相互融合的重要内容。在我国积极推进国有企业混合所有制改革的背景下，国有企业已经具备了建立多元制衡公司治理体系的产权基础，混合所有制企业逐渐成为我国国有企业存在的主要形态。与早期国有企业"一股独大"的股权结构相比，当前混合所有制企业拥有代表不同类型资本的股东，也面对更加多元化的内外部利益相关者，这些变化对国有企业公司治理结构和治理机制形成了巨大挑战，也推动国有企业公司治理体制机制向多元制衡的方向转变。

多元制衡的公司治理体系，最突出的表现就是董事会的规范化和多元化。综观各国国有企业董事会的构成，主要包括四类成员：国家代表、职工代表、独立董事和特殊代表。各国的差异主要体现在国家代表所占比重、职工代表数量以及董事会成员的独立性等方面（OECD，2008）。其中，国家代表是国有企业董事会的一个主要特征。一些国家的国有企业董事会不设国家代表，如丹麦、挪威、荷兰等国的国有企业以及英国的国有独资企业。在多数国家中，无论国家在国有企业中占多大比例的股份，国家只能派出一名至两名代表，如瑞典和德国以及芬兰的绝大多数国有企业。另外一些国家，国家代表的数量是根据所有权比例确定的，如澳大利亚、捷克、新西兰和西班牙的国有参股企业。法国规定国家代表在董事会中所占比例应与其在公司资本中所占比重成正比，但不能超过董事会总人数的一半。也有一些国家规定了固定比例，比如法国国有企业中国家代表占董事会成员的比例是 1/3，墨西哥国家代表人数占董事会成员的比例不低于 1/2。职工代表的存在与否和数量多少，一般源于各国股份公司的实践惯例或基于《公司法》的要求。例如，法国规定国有企业董事会的职工代表要达到董事会成员的 1/3，希腊、瑞士规定国有企业的董事会中必须有两名职工代表。为了提高董事会成员的独立性，许多国家都设立了一定比例的独立董事。比如，希腊规定董事会中至少有 30% 是独立董事，法国要求董事会中至少有 1/3 是独立董事，韩国要求董事会中至少有 1/2 是独立董事。在德国、澳大利亚和新西兰等国家，国有企业董事会中独立董事的比例超过了半数。此外，有少数国家通过特殊机制促进少数股东在董事会中的代表权。例如，意大利有一种特殊累计投票制，赋予了少数股东多于持股比例的表决权。加拿大也提出了有关籍贯和少数股东代表的额外要求。

政府行使所有权职能的主要内容之一，就是任命国有企业董事会成员，确保董事会成员具备相关专业知识，有效管理公司，应对市场挑战（OECD，2008）。从OECD成员国国有企业董事会构成的演变趋势看，越来越多的国家认识到董事会提名对于提高国有企业董事会竞争力和独立性至关重要，并对本国董事会提名程序进行了改革。其目的是通过制定合理的提名程序，减少国有企业董事会中国家代表的数量，降低董事会提名过程中的政治干预。例如，澳大利亚、新西兰和瑞典都建立了结构化的、以技能为基础的董事会任命制度。挪威贸易与工业部制定了国有企业董事会成员选举操作指南，要求每个国有企业内部设立提名委员会，由提名委员会提出董事会成员及薪酬建议供股东大会表决。对于上市国有企业，主管政府部门派代表参加董事提名委员会，同其他股东一起确定公司董事会组成。

3. 竞争中性原则要求加强企业运营透明度和信息披露

从世界主要国家的实践经验来看，提高运营透明度是改善国有企业公司治理的必要手段。OECD始终致力于引领国有企业公司治理制度改革。早在2005年，OECD就发布了《OECD国有企业公司治理指引》，在提高企业透明度和加强信息披露方面提出了许多建议，其目标是"为了维护普通民众的利益，国有企业应该像上市公司一样透明"。2015年，OECD对公司治理指引进行修订并发布了《G20/OECD公司治理原则》，总结吸收了2008年以来全球金融危机的教训，特别强调了国有企业透明运营和信息披露等要求。2022年，OECD发布了《监督国有企业的绩效》，明确提高国有企业运营透明度、加强信息披露等要求，并提供了国有企业发布总体报告的框架和指南。由此可见，国际社会对于国有企业运营透明度的要求不断提高，并且提供了更加详细的指引。

西方国家管理和经营国有企业的经验表明，国家作为股东，必须确保国有企业经营有充分的透明度，并建立一个完整的框架，制定从所有权政策、国有企业内部和外部的审计体系和标准到向国会报告和向公众公布年度国有企业运营报告的整套规则（OECD，2008）。具体做法主要包括以下几点：首先，为确保国有企业层面的信息披露和透明，国家应制定统一的信息披露政策，以明确信息披露的种类、对象、内容和方式，并确保信息披露质量的有关程序。在制定国企信息披露政策时，广泛征求包括国企董事会、管理层、监管机构、专业组织和利益相关者等的意见，对信息披露政策进行有效的沟通。其次，国有企业应执行高质量的会计和审计标准，披露所有重要信息，特别是明显关系到公众利益的信息。例如，在欧盟，各国政府要求国有企业因承担公共利益服务而受到财政补贴的活动保持会计单独立账。最后，编制国有企业年度报告是各国管理国有企业的普遍做法。有三种主要的国有企业报告制度：事前报告制度，主要内容是关于国有企业目标的制定；事后报告制度，主要内容包括财务报告、董事会或公司治理的报告，以及一些国有企业需要提供的特殊报告；总体报告制度，主要内容包括全部国有部门的各种形式的报告，也可由具体的国家审计或控制实体实施。

为了加强对国有资产的管理，OECD 国家普遍实施了国有企业全面报告制度，大部分国家都以单个国有企业为编写对象（OECD，2008）。例如，加拿大国库委员会秘书处每年向议会公布年度报告。意大利审计法院每年都要就每个国有企业的经营活动向议会提交报告。丹麦财政部每年向议会有关委员会报告国有企业的运行状况。芬兰国家审计署每年都要就国有控股公司的效益和经营状况提交一份总体年度报告和相关的调查报告。同时，政府也要向议会提交一份关于中央政府财政管理状况的报告，报告内容包括所有权政策、国有企业财务报表以及国有企业经营目标执行情况和执行公共政策服务的信息。芬兰贸易和工业部下设的国家所有权管理部门每年发布《芬兰的国家股权》公告，该公告涵盖 17 个最大的国有企业信息，并且向社会公开。波兰国库部每年向议会和政府提交《国有资产经济和财务状况报告》。另外，国库部还要准备一份《国有企业经济和财务状况报告》，该报告不仅递交到政府和议会的有关部门，也作为公开信息公布在国库部的网站上。

除以国有企业为单位发布报告之外，德国、瑞典、挪威和法国等少数国家还把国有经济视为一个整体，公布合并的国有企业年度报告（OECD，2008）。德国从 1954 年就开始编写《政府持股报告》，当时作为联邦预算的一个组成部分。从 1973 年开始，该报告成为一份独立的报告，使国会和公众对国家控制的企业的经营活动有全面的了解。合并年度报告的内容不仅涉及私有化政策的执行情况和国有企业的主要事件，由联邦政府和特别基金直接和间接控股的公司的总体情况、主要财务数据，也包含国有企业董事会、监事会的运作等公司治理信息。挪威的国有企业年度报告按照国有企业四种类别编写，阐述所属国有企业的战略目标、执行情况、财务绩效、关联交易、公司治理和高管薪酬等信息。报告不仅包括详细的财务信息，也包括丰富的非财务信息，如企业履行社会责任的实践。

三、当前国有企业面临的公司治理问题与挑战

尽管我国公司治理制度建设与改革实践均取得了明显进展，但是与发达国家公司治理水平相比，仍然存在多个方面的问题与障碍，突出表现在以下几个方面：配套制度建设还不够完善、混合所有制改革后企业治理效应未能充分发挥、多元利益相关方参与的长效治理机制存在欠缺、创新发展战略和企业国际化发展亟待公司治理转型等。

1. 相关制度建设有待进一步完善

公司治理并不是一个孤立的制度体系，而是深深内嵌于更加宏观的制度环境当中。外部环境因素会对公司治理产生深刻的影响，突出的短板包括市场法治化程度不高，以及国有资产管理体制改革有待深化。

一是法治化市场环境有待健全。外部环境的法治化和市场化程度对公司治理影响重大。即使国有企业实施了混合所有制改革，改变了"一股独大"的股权结构，如果缺乏外部制度环境的支撑和保障，也难以真正实现

国有股东和非国有股东的股权制衡。在法治化和市场化成熟的环境中，混合所有制有助于改善公司治理，实现较好的治理均衡，不同主体的国有股东如果能互相制衡，也同样能实现公司治理均衡；反之，如果这个前提不具备，即使引入民营股东实行混合所有制，也很难发挥民营股东的制衡作用（沈昊、杨梅英，2019）。为此，必须加快构建公平公正的市场环境和法治环境，进一步完善产权制度等相关配套制度体系，为公司治理制度完善提供基础性支撑。

二是国有资产管理体制改革有待深化。尽管我国已经初步构建"三层次"的国有资产管理体制，开展了国有资本投资公司和运营公司改革试点，但是以"管资本"为主的国有资产管理体制还有待进一步深化。为充分发挥国有资本投资、运营公司两类平台公司的作用，需要制定更加合理的监管清单、责任清单、授权放权清单和以此来清晰界定国有资产管理体制各个层级之间的边界，促使处于中间层级的两类平台公司真正发挥其应有的作用，防止国有资产管理体制的三级架构流于形式（黄速建等，2019）。同时，国有企业核心管理人员的身份转换仍然是个难题，以"管人"为主的国有资产管理观念和传统根深蒂固。再加之我国职业经理人市场尚不成熟，职业经理人制度就无法落到实处，就不能很好地激发国有企业家的创新精神。

2. 混合所有制改革治理效应有限

混合所有制改革（简称"混改"）是改善股权治理结构的重要途径。但是，仅仅是股权层面的"混合"，并不一定能够实现公司治理改善，甚至还有可能会引致各种风险。从企业实践来看，"重混轻改"的现象仍然存在，这制约了混改的股权治理效应。

一是混改后股权治理结构并未得到优化。许多企业混改之后，由于观念落后、持股比例悬殊、路径依赖等多重原因，导致混改仅仅停留在股权结构的变化，而并未触及公司治理深层次的改革。混改后的企业通常面临几大难题：国有大股东的控股地位是否改变？其他股东的进入能否对其形成有效制衡？董事会中代表非国有资本的董事是否有话语权？公司高管团队是否从市场上选聘并按市场化机制考核？如果混改后企业依然保持"一言堂"的治理模式，只是实现了形式上的股权结构变化，无法撼动原始的治理结构，那么就难以真正转变经营机制，发挥混改的治理效应，就不能算是一次成功的混改。

二是混改后长效治理机制并未及时建立。一些企业虽然实施了混改，也引入了异质性资本，市场化招聘了中高层管理人才，并尝试运用股权激励等长期激励约束机制，但是效果却并不理想。分析其背后的原因可以发现，这些企业只是在形式上进行了治理机制创新，却未能从本质上将长效治理机制运用到位。例如，一些企业在市场化招聘职业经理人时，尽管招聘范围覆盖全国甚至全球，但是最终聘用的人员往往来自集团公司或关联公司。在对职业经理人进行绩效考核与评价时，未能完全按市场化原则建立考核评价与薪酬制度体系，导致职业经理人制度流于形式。再比如，在实施股权激励和员工持股制度时，有些企业没有做到公平公正公开，或者没有考虑到为将来引进人才预留股份，对于退休人员或离职人员没有明确的股权退出机制，各种原因导致激励效果未达预期，甚至产生了负面影响。

3. 多元参与的长效治理机制欠缺

基于利益相关方理论，学者提出股东与利益相关方的长期利益是一致的，因此应当促进利益相关方参与公司治理（Carrillo，2007），这已经成为全球公司治理变革的新趋势。目前，机构投资者、媒体、社区等主体参与公司治理的长效机制还不够健全，有效的外部治理模式尚未成熟。

一是外部利益相关方参与治理受到限制。首先，运营透明度不高限制外部主体参与治理。较高的透明度是外部主体监督和治理的必要条件，然而我国企业运营透明度普遍不高，尤其是非上市公司信息披露不足，这对外部利益相关方参与治理形成了障碍。其次，参与机制不健全限制外部主体参与治理。外部治理模式与传统的内部公司治理架构存在较大差异，当前在我国公司治理体系中仍处于探索和发展初期，还未能建立起相对成熟有效的参与机制，外部利益相关方的参与积极性也比较低。最后，外部治理的参与程度比较难以把握。尽管外部治理成为公司治理的一种新趋势，但是过度的外部主体参与公司治理也会导致一些不良影响，实践中需要从企业特征、行业性质、参与主体等多方面考虑，探索出一种适度且有效的外部治理模式。

二是新媒体时代外部治理难以保持客观性。伴随网络技术的日新月异和互联网经济的迅猛发展，网络新媒体既为企业信息披露提供了新平台和新途径，也成为社会各界发布和获取信息的主要渠道。作为一种非正式的信息披露和外部治理机制，网络新媒体已经对公司治理产生了重要影响。与传统媒体相比，新媒体具有信息传播速度快、覆盖范围广等特征，同时也暴露出信息真实性和客观性不足等弊端，甚至可能会受到一些特殊利益集团的操纵。当前专门针对新媒体的治理制度和规范体系尚不健全，其治理作用的发挥受到公众偏好、媒体"寻租"行为等多重因素的影响，亟待对这类外部治理模式加以规制和正确引导。在新媒体时代，应充分发挥其作为信息披露和监督平台的作用，促使企业坚持透明运营并主动履行社会责任。同时，要加快推进网络新媒体的监督、审核以及信用评价体系建设，努力规避新媒体参与外部治理带来的负面效应。

4. 创新驱动亟须相应的治理转型

创新发展位列我国倡导的五大发展理念之首，建设创新型国家仍是未来一段时期的重点任务。在数字经济引领的新经济时代，创新成为推动企业发展最主要的驱动力，这就需要与之相匹配的公司治理转型。同时，智力资本在支撑企业创新发展中的作用日益凸显，也需要加快推进公司治理制度变革。

一是创新驱动发展战略需要公司治理转型。积极实施创新战略，加大创新投入，是当今企业赢得竞争优势的关键。而企业创新战略的科学决策与顺利实施，需要相匹配的治理结构和治理机制。从决策层面来看，企业家的创新意识至关重要，董事会成员的知识结构、从业经验等特征也会对决策产生很大影响。因此，在战略投资者的选择、董事的选聘、决策机制的设计等方面，都需要做出相应的调整与优化。从执行层面来看，在所有权与经营权相分离的现代企业制度下，经理层往往倾向于规避高风险、高不确定性、收益期长的技术创新投入，如果没有建立起有效的长期激励机制，就难以调动经理层在创新战略方面的执行力。从制度层面来看，创新活动失败的概率非常高，对公司的风险控制能力提出了更高的挑战，需要构建主动的风险识别与防御机制，许多企业在这方面存在短板。

二是智力资本日益重要需要公司治理转型。在知识经济时代，智力资本的重要性已经逐渐超越土地、资金等其他要素。不同于传统企业的公司治理结构，创新型企业的控股股东大多是掌握核心技术的高端人才。还有一些创新型企业通过实施员工持股，引入公司技术骨干持有公司股份并参与公司治理。在这种新型公司治理结构中，如何通过有效的管理方式变革和治理机制创新，最大限度地激发智力资本的创造力，就成为公司治理转型首要需要思考的问题。实证研究表明，专用性人力资本与企业创新投入、企业创新产出之间均存在着显著的正相关关系，专用性人力资本持股的方式可以激励其创新效能的发挥；相反，传统治理模式下的监督机制不能很好地发挥治理功效（于茂荐，2016）。因此，为适应创新型企业特征，必须加快推进激励机制和监督机制变革。

5. 企业国际化带来新的治理挑战

在对外开放政策和"一带一路"倡议的推动下，越来越多的中国企业实施国际化发展战略，海外资产规模大幅增长，跨国指数逐步提升。根据中国企业联合会、中国企业家协会发布的《中国100大跨国公司分析报告》，2020年中国100大跨国公司的平均跨国指数为16.10%，比2015年提高0.51个百分点，比2011年提高3.86个百分点。2020年《财富》世界500强企业中，中国大陆和港台地区共有133家公司上榜，超过了美国的121家，中国世界级企业阵容不断扩大。然而，在企业融入全球竞争的同时，对公司治理也提出了新的挑战。

一是必须适应国际公司治理规则要求。不可否认的是，目前中国公司治理水平与发达国家相比仍然存在一定差距，中国企业参与国际市场竞争势必要适应国际公司治理规则，否则将难以获得在海外市场经营的制度合法性。在经济全球化的大背景下，公司治理制度也呈现出全球化和趋同化

的特征。在 2015 年最新修订的《G20/OECD 公司治理准则》中，中国也是这一准则的倡导国和支持国，也要求中国"走出去"的企业遵循国际公司治理准则。从实践来看，由于制度距离和文化距离的客观存在，许多企业在跨国经营过程中都遇到了一些现实难题。如何尽快适应国际规则，并逐渐参与国际规则制定，使中国跨国公司赢得国际社会的尊重和认可，是中国公司治理面临的一个挑战。

二是必须适应内部公司治理结构变化。在企业实施国际化发展战略的同时，内部组织架构和治理结构也相应地发生变化。尤其是在经济全球化和知识经济时代，各级政府纷纷出台优惠政策引进海外人才，许多企业也吸引外籍人才担任董事或高管，董事会国际化以及高管团队国际化已经逐渐成为公司治理发展的一个新趋势。学者的研究结果表明，外籍董事比例的提高能够促进公司的研发投资（李卿云等，2018），从而提升公司的创新绩效（丁潇君等，2020）。但是，由于外籍董事或外籍高管与其他成员之间存在文化距离，如果选择的外籍董事或外籍高管不适合，也会对公司治理和公司绩效造成负面影响。此外，跨国公司海外子公司的治理结构也更加复杂，不仅要处理一般性的内部股东与董事会的关系，还要处理与东道国各类利益相关者的关系，克服因制度、文化等因素带来的外来者劣势问题。伴随中国对外开放格局的不断深化，中国跨国公司必须探索出有效且动态优化的跨国治理模式。

四、进一步完善国有企业公司治理的方向与路径

展望未来，在外部环境变迁和内部治理要求的共同驱动下，我国企业的公司治理将进入加速转型阶段。公司治理转型主要聚焦于治理现代化、股权多元化、经营国际化、创新常态化和价值平衡化五个方向，转型的路径包括加快推进制度创新、优化股权治理结构、健全外部治理机制、探索

灵活激励机制、提升跨国治理能力、促进外部利益相关方参与等多种途径。这一阶段国有企业公司治理深化的原则、方向和路径如图 2-1 所示。

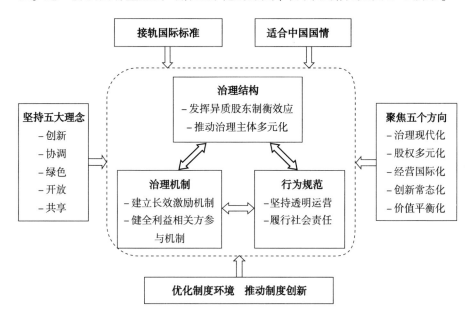

图 2-1 竞争中性原则指导下公司治理深化的原则、方向和路径

资料来源：笔者绘制。

1. 加快推进制度创新，促进治理现代化

实现公司治理现代化，是推进国家治理体系和治理能力现代化的重要微观基础。公司治理现代化需要顶层制度设计层面的改进与创新。具体到我国公司治理制度体系与实践情况，需要重点突破的领域包括加强与完善法治化环境建设，落实国有资本授权经营体制改革。

一是持续完善适宜企业发展的营商环境，重点提升法治化程度。近年来，我国营商环境改革取得了显著成效，在世界银行发布的《全球营商环境报告》中的排名大幅提高。但是，法治化程度偏低仍然是我国营商环境建设的一个短板。在公司治理制度体系中，《中华人民共和国公司法》是最核心的正式制度之一。今后一段时期，还要进一步推动《中华人民共和国公司法》及相关法律体系的现代化，形成符合中国情境、具有中国特色

的公司治理顶层制度安排。具体到制度设计层面，应当结合五大发展理念和新经济等新的环境特征，与时俱进地将网络治理、平台治理、绿色治理等新理念、新模式纳入制度体系，探索构建适用于新型组织形态和商业模式的公司治理制度，跳出制度建设滞后于企业实践的矛盾与困境。

二是加快推进国有资本授权经营体制改革，完善授权放权机制。2018年7月，国务院发布《关于推进国有资本投资、运营公司改革试点的实施意见》（以下简称《意见》），其中明确了国有资本投资、运营公司的功能定位，两类公司是在国家授权范围内履行国有资本出资人职责的国有独资公司，同时指出两类公司是国有资本市场化运作的专业平台。《意见》还推动了各级国有企业开展国有资本投资、运营公司试点，有一些企业已经探索出比较有效的改革路径，但是在授权放权机制设计方面仍有待完善。2019年4月，为彻底解决政企不分、政资不分的问题，进一步提高国有资本运行效率，国务院发布《改革国有资本授权经营体制方案》，引导出资人代表依法科学界定职责，推动监管机构履职方式转变，建立基于股权关系的授权放权机制。深入推进国有资本授权经营体制改革，既有利于激发现代国企的发展活力，也有助于实现国有经济布局优化和结构调整，将成为"十四五"期间国资国企改革的重点环节。

2. 优化股权治理结构，发挥股东制衡效应

党的十九届五中全会指出，产权制度改革是社会主义市场经济体制改革的重要内容。就微观层面而言，实施混合所有制改革，对于优化企业股权结构、提高公司治理水平、改善企业经营绩效都有十分重要的意义。为使混合所有制改革能够发挥实效，需要从根本上改变公司内部治理结构和治理机制。在进一步的改革中，应着重形成多个大股东之间的有效制衡机制，充分发挥混改之后的股权治理效应，避免"重混轻改""混而不改"等现象。

一是保持适度集中的股权结构。股权集中度可以反映大股东对公司的控制能力，过高或者过低的股权集中度都不利于公司治理能力提升。许多学者也通过实证研究证明，保持适度集中的股权结构有助于改善公司治

理，进而对公司绩效产生积极影响（王欣、韩宝山，2018）。如果股权集中度太高，大股东掌握对公司的绝对控制权，其他股东对其约束能力有限，可能增加大股东谋取不正当利益的机会；如果股权集中度太低，由于股权分散且单个股东的控制力有限，很难对经营者进行有效监督，则会面临经营者"败德行为"带来的公司利益损失。适度集中的股权结构能够实现大股东利益与公司利益的统一，也会增强对经营者进行监督的积极性。"十四五"时期国有企业实施混合所有制改革，必须遵循分类改革的基本思路，根据企业功能定位及不同的业务类型，确定更加科学、合理的股权结构。

二是形成异质股东的制衡效应。股权制衡度可以反映多个股东之间的相互制约关系。在"一股独大"的股权结构下，公司决策往往容易陷入"一言堂"的困境，对公司治理和公司绩效产生负面影响。在推进混改的过程中，如果参与主体在规模、实力等方面差距悬殊，就很难对原有的大股东形成有效制衡，也就无法从实质上改变股权治理结构。更进一步，股东的所有制性质也会影响混改的治理效应。与同质股东相比，异质股东的混改更能发挥股权结构的治理效应。实证研究表明，"混合所有"的股权结构能够显著提升公司绩效，但国有资本之间的股权多元化对公司绩效提升作用不显著（郝阳、龚六堂，2017）。早期我国推行的股权多元化改革，大多是通过国有企业之间的重组实现的，当前推进的混改则更加注重不同所有制企业之间的互补与协同，充分发挥不同所有制资本的优势。在"十四五"时期进一步深化混改过程中，应当始终坚持按照市场化机制，在国有企业实施混改时，积极引入具有较强竞争力的非国有资本，真正发挥异质性股东之间的相互制衡作用，从而改善公司治理，提升企业绩效。

3. 健全外部治理机制，实现多元价值平衡

在共享发展与绿色发展理念引领下，公司治理将更加注重利益相关方参与，进一步发挥外部治理主体的作用，建立健全信息披露等外部治理机制，践行环境保护和绿色治理理念，形成多元化主体"共建、共治、共享"的治理格局，确保经济价值、社会价值和环境价值的平衡。

一方面是实现经济价值与社会价值的平衡。共享经济时代的来临以及共享发展理念的深化，促使我国企业加速从经济价值导向转向综合价值导向，公司治理中更加注重多元主体的参与和多元利益的平衡。信息披露制度是促使经济价值、社会价值平衡的有效治理机制，也是推动企业实现透明运营的关键制度要件。尽管企业对财务信息披露和社会责任信息披露日益重视，但仍然存在披露不及时、信息不全面、立场不客观等各种问题。在信息传播十分迅速的互联网经济时代，信息披露不足、运营透明度不高，往往成为企业与社会公众之间利益冲突和矛盾爆发的导火索。在企业的外部利益相关方中，媒体作为重要的外部监督力量，成为公司治理参与的重要主体。而且，当信息不对称程度越高、信息透明度越低时，媒体对公司治理的监督就更为有效（孔东民等，2013）。媒体监督能够显著降低公司违规的频率，而且越是频繁违规的公司媒体监督的效果越明显（周开国等，2016）。从媒体参与治理的机制看，媒体监督主要存在传统监督、声誉机制和市场压力三种机制（田高良等，2016）。目前，在我国公司治理制度环境下，这三种机制能够发挥的作用仍比较有限。今后，应重点加强媒体等第三方机构的外部监督，并采取有效机制避免媒体监督的负面效应，从而促使企业真正将社会价值融入发展战略与公司治理。

另一方面是实现经济价值与环境价值的平衡。党的十九届五中全会提出，要广泛形成绿色生产生活方式。践行绿色发展理念，重视经济与环境的平衡，已经成为世界各国指导经济社会发展的新方向和新模式，同时也是我国大力倡导的五大发展理念之一。从实践来看，企业在日常运营中更加注重资源集约利用和生态环境保护，许多企业将环境绩效作为社会责任信息披露的重要内容。但是，企业作为绿色治理的主体之一，还未能实现绿色治理理念与公司治理体系的有机融合。李维安等（2019）系统构建了绿色治理评价指标体系，发现我国上市公司绿色治理指数整体偏低，普遍存在重绩效轻治理、重行动轻制度的问题。"十四五"时期，绿色治理将成为公司治理转型的主导方向之一，也是提升国家治理能力现代化的重要体现。我国政府在进一步强化企业环境影响审查与动态监督管理的基础上，还应积极引导企业参与公共环境绿色治理行动，完善绿色治理和绿色绩效信息披露机制，建立绿色治理成本的社会分担机制，引导专业机构、媒体、社区等构建社会监督网络，形成政府、企业、社会组织等共建、共享、共治格局。

4. 探索灵活激励机制，适应创新发展要求

在新一轮科技革命的推动下，人才作为企业最重要的智力资本，已经成为企业核心竞争力的关键要素。公司治理作为一项重要的制度安排，对于吸引人才、激励人才和留住人才至关重要。因此，在创新创业日益活跃的知识经济社会，公司治理结构和机制最大化向智力资本方向倾斜，已经成为全球公司治理制度演进的客观要求和必然趋势。

一是赋予智力资本相配套的控制权。在传统的公司治理范式下，物质资本占据着绝对的控制权，人力资本的重要性未能得到充分认可与肯定。在当今的知识经济社会，公司治理向智力资本倾斜，已经成为制度演进的必然趋势。发达国家经验表明，智力资本股东在公司治理中的地位日益提升，并逐渐掌握一部分公司控股权和决策权，是有益于公司健康可持续发展的制度创新。考察我国企业实践发现，许多企业在实施混合所有制改革过程中，同步实施了掌握关键技术和知识的骨干员工持股制度。但是，大部分实施员工持股的公司更倾向于将其视为一种激励手段，而很少使其发挥应有的治理效应。即便是公司的核心技术人员，如果不是公司创始团队成员，通常持有的股份比例很低，很难通过持有股份来参与公司治理。同时，智力资本参与治理还面临一个难题：公司的骨干员工往往潜心于技术研发，而缺乏对市场形势和管理规律的了解，在参与公司重大决策过程中，可能无法平衡技术与管理、创新与效益之间的关系。

二是健全有效的动态股权激励机制。在初步探索员工持股制度的基础上，进一步优化制度设计和实施方案，促使员工树立与企业共同发展的长期价值创造理念。针对当前阶段员工持股实践中存在的典型问题，应当重点从两个方面加以改进和完善：一方面，根据企业生命周期不同阶段的实际需求，动态调整股权激励的对象和比例，建立健全员工持股的有序退出机制；另一方面，为持股员工代表参与公司治理提供畅通渠道，使其真正体会到"利益共同体"的身份转变，增强员工的积极性和获得感。以南通四建集团有限公司为例，在改制过程中积极探索股东有序进退出和股权流转机制，并写入公司章程。这一创新制度安排，打破了传统企业普遍存在的股权世袭制，让股权始终掌握在公司在职在岗的骨干人员手中，创造了公平竞争的组织生态环境，调动了在职骨干员工的积极性，激发了企业持续发展的活力，奠定了基业长青的制度基础。同时，还需加快完善配套保障体系和相关政策措施，如持股分红的税收优惠制度、资本市场转让与退出机制，以及统一规范的会计核算细则等。

5. 提升跨国治理能力，培育世界一流企业

伴随中国企业国际化进程的加快，越来越多的中国跨国公司成长起来，公司治理结构也亟须向国际化转型。中国跨国公司必须加快培育自身的跨国治理能力，才能在中国与东道国存在制度、文化等差异时，最大程度地避免由于投资战略失误而导致的跨国经营风险。

一是加强信息披露，提高企业运营透明度。国际公司治理准则中的一个基本要求就是透明运营。与发达国家的跨国公司相比，中国企业在信息披露方面仍然存在较大差距，尤其是非上市的国有控股公司运营透明度相对较低。中国企业要参与全球竞争，就必须坚持透明运营的基本要求，在信息披露方面变被动为主动，避免信息披露不充分、不全面的问题，自觉接受利益相关方和社会监督，进一步提升运营透明度，才能成为一家广受尊重的企业。在信息披露的内容上，必须向公众披露客观、全面的信息，不得仅披露对公司有利的片面信息，或者歪曲真相的虚假信息。在信息披露的时效上，必须做到及时回应、主动响应，除常规性的定期信息披露外，特别要注重突发事件的临时信息披露，否则将会失去主动权。

二是建立国际化公司治理结构和治理机制。治理结构和治理机制的国际化转型，以及跨国治理能力的构建与提升，并不是一蹴而就的过程。首先，企业跨国治理能力构建必须具备一个前提：清晰的股权结构和有效的激励机制。其次，企业跨国治理能力构建常常是一个动态演化过程，需要

不断调整、优化治理机构和治理机制，使其与外部环境和企业战略实现高度匹配。最后，企业应当着力构建国际化的董事会和高管团队，形成良好的跨国治理机制，以不断改善国际化治理能力和经营绩效（周常宝等，2019）。在企业跨国经营过程的不同阶段，逐步构建跨国治理结构，形成跨国治理机制，培育跨国治理能力，最终提升企业国际竞争力，加快创建世界一流企业。

参考文献

［1］Carrillo E. F. P., Corporate Governance: Shareholders' Interests and Other Stakeholders' Interests. Corporate Ownership & Control, 2007, Vol. 4, No. 4.

［2］Denis D. K., McConnell J. J., International Corporate Governance. Journal of Financial and Quantitative Analysis, 2003, Vol. 38, No. 1.

［3］OECD：《国有企业公司治理：对 OECD 成员国的调查》，李兆熙，谢晖译，中国财政经济出版社 2008 年版。

［4］丁潇君、杨秀智、徐磊：《国际化董事会、研发操纵与创新绩效》，《财经论丛》2020 年第 5 期。

［5］杜宽旗、张虎文、徐莎莎：《创业型家族企业传承前后治理理念的演变》，《河南社会科学》2017 年第 25 卷第 2 期。

［6］郝阳、龚六堂：《国有、民营混合参股与公司绩效改进》，《经济研究》2017 年第 52 卷第 3 期。

［7］黄群慧：《"新国企"是怎样炼成的——中国国有企业改革 40 年回顾》，《China Economist》2018 年第 13 卷第 1 期。

［8］黄速建、肖红军、王欣：《竞争中性视域下的国有企业改革》，《中国工业经济》2019 年第 6 期。

［9］孔东民、刘莎莎、应千伟：《公司行为中的媒体角色：激浊扬清还是推波助澜?》，《管理世界》2013 年第 7 期。

［10］李卿云、王行、吴晓晖：《董事会国际化、地区廉洁程度与研发投资》，《管理科学》2018 年第 31 卷第 5 期。

［11］李维安、张耀伟、郑敏娜、李晓琳、崔光耀、李惠：《中国上市公司绿色治理及其评价研究》，《管理世界》2019 年第 35 卷第 5 期。

［12］鲁桐、党印：《改善国有企业公司治理：国际经验及其启示》，《国际经济评论》2015 年第 4 期。

［13］沈昊、杨梅英：《国有企业混合所有制改革模式和公司治理——基于招商局集团的案例分析》，《管理世界》2019 年第 35 卷第 4 期。

［14］宋彪：《竞争中性的渊源、政策目标与公共垄断改革》，《经济法研究》2017 年第 18 卷第 1 期。

［15］田高良、封华、于忠泊：《资本市场中媒体的公司治理角色研究》，《会计研究》2016 年第 6 期。

［16］王欣、韩宝山：《混合所有制企业股权结构治理效应分析》，《经济体制改革》2018 年第 6 期。

［17］吴超鹏、薛南枝、张琦、吴世农：《家族主义文化、"去家族化"治理改革与公司绩效》，《经济研究》2019 年第 54 卷第 2 期。

［18］吴秋生、王少华：《党组织治理参与程度对内部控制有效性的影响——基于国有企业的实证分析》，《中南财经政法大学学报》2018 年第 5 期。

［19］徐海根：《论国有企业管理机制的改革——政府与国企关系的界定以及公司治理》，《改革》2002 年第 2 期。

［20］徐细雄、淦未宇：《制度环境与技术能力对家族企业治理转型的影响研究》，《科研管理》2018 年第 39 卷第 12 期。

［21］严若森、吏林山：《党组织参与公司治理对国企高管隐性腐败的影响》，《南开学报（哲学社会科学版）》2019 年第 1 期。

［22］杨瑞龙：《国有企业改革逻辑与实践的演变及反思》，《中国人民

大学学报》2018 年第 32 卷第 5 期。

　　［23］于茂荐：《专用性人力资本、治理机制与企业创新——基于制造业上市公司的经验证据》，《武汉理工大学学报（社会科学版）》2016 年第 29 卷第 6 期。

　　［24］中国社会科学院工业经济研究所课题组：《论新时期全面深化国有经济改革重大任务》，《中国工业经济》2014 年第 9 期。

　　［25］周常宝、李康宏、林润辉、冯志红：《新兴经济体国家企业跨国治理能力的构建与演化机制——基于联想跨国经营的案例研究》，《管理案例研究与评论》2019 年第 12 卷第 1 期。

　　［26］周开国、应千伟、钟畅：《媒体监督能够起到外部治理的作用吗？——来自中国上市公司违规的证据》，《金融研究》2016 年第 6 期。

　　［27］周雷：《以竞争中性促进我国企业改革发展》，《经济》2018 年第 23 期。

第三章
竞争中性原则与国有资产监管体制创新

国有资产（以下简称国资）监管体制被称作中国经济体制改革与政治体制改革的一个"接合部"。这一观点反映出了国资监管体制改革任务的重要性，也反映出了其改革任务之艰巨性。作为党的十八届三中全会确定的全面深化国有企业改革的重大任务之一，建立和完善以管资本为主的国资监管体制，成为从总体上搞好国有企业以及增强国有经济"五力"（竞争力、创新力、控制力、影响力、抗风险能力）和做强做优做大国有资本所迫切需要解决的重大课题。竞争中性原则所倡导的国有企业经营管理理念，在很大程度上，能够对促进以管资本为主的国资监管体制创新起到积极的引导作用。

一、国有资产监管体制的形成与发展

我国的国资监管体制问题，是 20 世纪 80 年代末被提出来的。当时，国有企业在改革实践中遇到了一些具体的现实问题，突出表现为国有企业的财产关系比较混乱和国有资产所有权不明确。与此同时，从政府角度看，也面临着政府的社会经济管理职能和对企业的国有资产所有权管理职能之间的界线不明确，相关政府部门之间权责不清。以上因素造成国有企业资产使用效率非常低下。就是在这种实践背景下，国有企业开始探索两权分离，由此产生了对政府部门的社会管理职能与其作为国有资产所有权代表的国有资产管理职能相分离的体制改革要求。相应地，就有了专门设立的国有资产管理机构，改变了以往用行政手段与方式来管理国有企业和国有资产的做法，而代之以更符合市场规律要求的国资管理方式与手段。

1. 国务院国资委成立以后的国有资产监管体制

2002 年 11 月，党的十六大报告指出："继续调整国有经济的布局和结构，改革国有资产管理体制，是深化经济体制改革的重大任务。"2003 年 4 月 6 日，国务院国有资产监督管理委员会（以下简称"国资委"）成立——这被视作国有资产管理体制改革的一项关键举措。国资委成立，给国有资产管理体制带来了三个方面的积极变化：第一，有国资委这样一个国务院特设机构，进一步实现了政资分开，其他政府部门的公共管理职能和国资委的国有资产出资人职能相对彻底地分隔开了。第二，国资委作为全面负责国有企业和国有资产监管的特设机构，围绕着"出资人"这个定位，其管理重心逐步开始从管国有企业转向了管国有资产。第三，在国资委成立以前，我国国有资产监管一直呈现为多个部门管理的"九龙治水"格局，国资委成立后，实现了管人、管事和管资产的"三结合"，化解了多头管理的诸多弊端。

当然，我们也看到，国资委的成立尽管在很大程度上解决了 20 世纪所积累的国资监管体制的主要弊端，但也遗留了一些因为缺乏共识性意见而在此轮改革中尚无法得到彻底解决的问题。第一，关于国资监管机构的设置问题。有观点认为，国资委应该设在全国人民代表大会之下；也有观点认为，国资委应该设在财政部之下。在实际运作中，国资委被设定为国务院的一个特设机构，但机构角色与性质不甚明确，与财政部之间的分工或权责关系也一度留存了争议。2017 年 11 月 20 日，十九届中央全面深化改革领导小组第一次会议审议通过了《中共中央关于建立国务院向全国人大常委会报告国有资产管理情况的制度的意见》，该制度是加强国资监管和理顺国资监管部门的法定机构地位的一项重要举措。第二，关于国资监管的范围。有观点认为，应该建立统一监管全国所有国有资产的体制；也有观点退而求其次，主张建立统一监管全国所有经营性国有资产的体制。到目前为止，各级国资委的监管范围主要聚焦于企业经营性国有资产，规模庞大的金融性国有资产以及相当一部分的企业经营性国有资产仍不在国资委系统的监管范围之内。2008 年制定出台的《中华人民共和国企业国有资产法》，同样给金融企业国有资产留出了另行管理的政策空间。在实践层面，有些地方政府先行先试，将地方金融性国有资产和行政事业性国有资产都纳入了国资委监管范围，形成了更加完整和统一的国资监管体制。第三，分级管理与分级所有之争。也就是中央政府与地方政府对国有资产的所有权与控制权关系问题。党的十六大明确，在坚持国家所有的前提下，为充分发挥中央和地方两个积极性，由中央政府和地方政府分别代表国家履行出资人职责，各行设立国有资产管理机构。其中，关系国民经济命脉和国家安全的大型国有企业、基础设施和重要自然资源等，由中央政府代表国家履行出资人职责。其他国有资产由地方政府代表国家履行出资人职责。这样一种管理体制仍然属于统一所有、分级管理的体制。2007 年，国务院颁发《国务院关于试行国有资本经营预算的意见》，区分了中央本级与地方分别进行编制国有资本经营预算。从近年来的实践看，"分级管理"的国资监管体制，正越来越逼近事实上的"分级所有"的国资监管体制。

除以上三个方面留存的体制机制设定问题外，国资委成立多年来，在国资监管体制工作中一直发挥主导性的作用，其实践活动亦伴生了一些新老交织的问题。一方面，是国有资产规模增长快但国有资产运营效率仍然不够高、国有资产分布结构仍然不尽合理的问题。国资委成立后，开展了中央企业核定主业、倡导企业在行业内做强以及引导兼并重组和对标世界500 强、培育世界一流企业等工作，这些政策举措有力地推动了国有企业做大经营规模，但对国有企业的运营效率提升作用相对有限。加之国有企业享有较为有利的融资政策——在同等经营状态下，国有企业享有明显优于民营企业的融资成本优势，也就是说，国有企业拥有比民营企业更加有利的低资本成本的规模扩张优势。伴随国有企业相对粗放的投资规模扩张，其中一部分投资活动并没有有效转化为国有企业的市场竞争力。在国有企业的巨额投资中，有相当一部分的投资回报率较低的投资活动不仅是产能过剩的推手，还给国有企业留下了布局结构不合理和经营绩效恶化的隐患。

另一方面，国资监管体制还存在运行不顺畅的问题，像管理方式行政化、运营与监管职能不分、管理幅度过宽、出资人职能不到位以及政企不分、政资不分等问题，长期未得到有效解决。国资委成立之时，便有学者关注到了国资委兼具国有资产运营和监督职能的问题，并提出了政策建议，但这些意见中有很多内容在实践中被忽视了。为贯彻落实管人、管事、管资产相结合的定位，国资委组织开展了大量细致且具体的监管工作。在这个过程中，尽管国资委一直强调努力避免形成"老板+婆婆"的管理体制，但其定位一直没有走出"老板+婆婆"的圈子，形成了自己监管自己的局面（罗瑞青，2014）。2004 年，国资委提出在中央企业开展董事会建设试点工作，并倡导发展以引入外部董事为核心的董事会制度，试图仿效新加坡淡马锡公司，通过董事会建设，构建一道国资委与企业之间保持"一臂之遥"的制度屏障。2010 年，中央企业董事会规范制度建设工作从试点转入全面建设时期，参与董事会建设工作的中央企业数量持续增长。几乎与此同时，一些企业反映，国资委越管越细、越管越死，在向过去高度行政化的管理体制倒退。

有学者指出，国有经营性资产的管理体系过于集中，由国资委统一掌控所有权的"国家辛迪加"规模过于庞大，对整个市场经济体制的发育造成负面影响，因此，需要压缩资产管理规模（荣兆梓，2012）。从管理幅度的角度讲，国资委的工作人员只能以百千人计，要管理数量如此众多的国有企业及如此规模庞大的国有资产，实属勉为其难。过宽的管理幅度导致国资委对国有企业和国有资产的管理难以深入、有效。从国资委的组织机构设置看，一方面，其行政化色彩比较浓重，与出资人监管职责间接相关的部门设置较多，对所监管企业的管理工作，容易出现朝着偏离出资人监管职责的方向发展的情况；另一方面，与出资人职权直接相关的管理职责分置于多个部门，国资监管系统内部权责割裂的问题一直存在。这种组织管理特征决定了国资监管机构在履行出资人职权时容易出现以下问题：

首先，监管手段和方式始终偏于行政化；其次，与出资人监管直接相关性不显著的管理职权存在膨胀倾向；最后，一部分与出资人监管紧密相关的重要管理职责在一定程度上难以落实到位。

上述问题表明，国资监管体制的改革与创新是一项综合性的改革任务，这项改革任务的推进绝不是靠设立一个像国资委这样的机构就可以完全解决所有问题的。国有资产管理体制改革不仅涉及国有经济、国有资产和国有企业的功能定位问题，还涉及调整政府与企业的关系以及更深层次的经济运行体制机制问题。到目前为止，我们还没有真正形成一个适应完善社会主义市场经济要求的国资监管体制。从宏观层面看，国家对国有企业和国有资产承担无限责任的问题，还没有从根本上得到解决。从微观层面看，企业国有资产分布仍然过于分散，非理性投资冲动仍然难以抑制，国有资产闲置或低效使用，甚至是滥用的状况，没有得到根本性改善。从中间层面看，相对滞后的国资监管体制改革，并不利于国有资本投资运营效率与价值的持续提升。这些问题提出了进一步深化国资监管体制改革和创新国资监管体制的新要求。

2. 党的十八大以来的国有资产监管体制

党的十八大以来，国资监管体制创新逐步明确了新的改革实践方向。从相关政策举措中我们可以看到，新一轮国资监管体制创新是围绕"以管资本为主"和加大对国有资本投资运营公司的授权这两条主线来展开的。2012 年，党的十八大明确提出要"完善各类国有资产管理体制"，对进一步加强各类国有资产监管做出了重要部署。2013 年，党的十八届三中全会提出"以管资本为主加强国有资产监管，改革国有资本授权经营体制，组建若干国有资本运营公司，支持有条件的国有企业改组为国有资本投资公司"，对创新国有资产监管体制机制、提升国有资产管控能力提出了新要求。2015 年 10 月 25 日，国务院发布了《关于改革和完善国有资产管理体制的若干意见》（以下简称《意见》），明确以管资本为主建立国有资产管理新体制，提出了改革国有资本授权经营体制的要求。《意见》明确规定，"将国有资产监管机构行使的投资计划、部分产权管理和重大事项决策等出资人权利，授权国有资本投资、运营公司和其他直接监管的企业行使"。2017 年，国务院办公厅转发了《国务院国资委以管资本为主推进职能转变方案》，提出要明确监管重点，精简监管事项，优化部门职能，改进监管方式，进一步提高监管的科学性、针对性和有效性，加快实现以管企业为主向以管资本为主的转变。

设立和组建国有资本投资公司与国有资本运营公司，作为国资监管体制创新的一项重点工作。其改革举措之一，先是在 2014 年 7 月，国务院国资委将中粮集团和国投集团这两家中央企业列为第一批国有资本投资公司试点企业。2016 年，第二批国有资本投资公司改革试点启动，新增了神华集团、中国宝武、五矿集团等六家试点央企。2018 年 7 月，国务院颁布了《关于推进国有资本投资、运营公司改革试点的实施意见》（以下简称《意见》）。《意见》明确指出，"发挥国有资本投资、运营公司平台作用，促进国有资本合理流动，优化国有资本投向，向重点行业、关键领域和优势企业集中，推动国有经济布局优化和结构调整，提高国有资本配置和运营效率，更好服务国家战略需要"。这年底，又启动了第三批国有资本投资公司试点工作，新增南光集团、中航工业集团、国家电投、中铝集团、中广核集团等 11 家试点央企。至此，国资委已从中央企业中选择了 19 家企业开展了国有资本投资公司改革试点工作。

2019 年，又是国资监管体制频繁推出制度创新的一年。2019 年 4 月 19 日，国务院印发了《改革国有资本授权经营体制方案的通知》。2019 年 6 月 3 日，印发了《国务院国资委授权放权清单（2019 版）》，对授权内容予以了进一步的细化。2019 年 11 月，印发了《国务院国资委关于以管资本为主加快国有资产监管职能转变的实施意见》，明确提出监管理念、监管重点、监管方式、监管导向上的四个转变：一是从对企业的直接管理转向更加强调基于出资关系的监管；二是从关注企业个体发展转向更加注重国有资本整体功能；三是从习惯于行政化管理转向更多运用市场化法治化手段；四是从关注规模速度转向更加注重提升质量效益。这四个转变，为不断提升国资监管的能力和水平以及加快实现国资监管体制从管企业向

管资本的转变，指明了实践创新的方向。

二、竞争中性原则对国有资产监管体制创新的要求

当前的国资监管体制机制中蕴含了"以管资本为主"和"以发展壮大国有资本投资运营公司为重要抓手"的改革思想。而这两方面的改革思想与竞争中性原则所倡导的国有企业应该奉行的公司化与市场化的经营管理理念，在很大程度上是相一致的。竞争中性原则的推行，能够对促进以管资本为主的国资监管体制创新起到积极的引导作用。

1. 关于国有企业公司化运营的组织形式的要求

OECD 有关竞争中性原则的研究工作，与其针对国有企业良好公司治理规范的研究工作，是紧密关联在一起的（OECD，2009，2012）。基于之前对国有企业公司治理问题的长期研究优势，OECD 在论述竞争中性原则时，不仅从竞争政策视角的考虑因素，也会特别看重国有企业的组织形式的规范性与透明度问题。在我国各种形式的国有企业中，国有资本投资公司和国有资本运营公司，称得上是相对最符合 OECD 对国有企业公司化运营的相关规范性要求的一类国有企业组织形式；其公司治理体制机制与OECD 所倡导的良好的国有企业公司治理模式，是相对最为接近的。

根据 2018 年 7 月国务院颁布的《关于推进国有资本投资、运营公司改革试点的实施意见》，国有资本投资、运营公司均为在国家授权范围内履行国有资本出资人职责的国有独资公司，是国有资本市场化运作的专业平台。公司以资本为纽带、以产权为基础依法自主开展国有资本运作，对所持股企业行使股东职责，维护股东合法权益，以出资额为限承担有限责任。从这一文件的表述中，可以看到，国有资本投资公司和国有资本运营公司是依托国有资本投资运营的市场化机制而组建与设立的，二者的公司治理体制机制，与公司化的，或者市场化程度比较高的公司治理体制机制是保持相对一致的。借助这种市场化和公司化的企业组织制度形式，国家能够有效避免受到自身的国有企业股东身份的掣肘，更加公平、公正和一视同仁地对待所有的不同所有制形式的企业。

按照竞争中性原则的要求，未来，国资委监管重心应该向为数不多的国有资本投资公司和国有资本运营公司进一步集中，着力为这两类国有资本公司选聘好董事会成员与经理层，做好这一群体的薪酬设计与业绩考核，同时，将有限的管理精力聚焦到对两类国有资本公司重大决策事项的监管上来。在国资委不断加大对国有资本投资公司和国有资本运营公司授权的过程中，国资委与被监管的国有企业的关系，将从过去的高度行政化的关系，逐步转向以国有资本为纽带的、出资人与出资企业之间的高度市场化的关系。这种新型的国资监管体制显然更加符合竞争中性原则中有关政府对国有企业的监管中性的要求。

2. 对国有企业不同性质的经营活动分类监管的要求

按照党的十八届三中全会的部署，国有资本投资运营要服务于国家战略目标，更多投向关系国家安全、国民经济命脉的重要行业和关键领域，重点提供公共服务、发展重要前瞻性战略性产业、保护生态环境、支持科技进步、保障国家安全；同时，国有资本也要加大对公益性企业的投入，在提供公共服务方面做出更大贡献。从这一部署中可以看到，在对我国国有企业经营活动的监管中，已经形成了按照对国有企业功能定位的不同来予以分类监管的思路，即要区分出那些服务国家战略目标但又是以商业化方式运作的经营活动，以及那些公益性的，也就是以非商业化方式运作的经营活动。而在此之前，在1999年党的十五届四中全会确定的国有经济需要控制的四大领域中，提供重要公共产品和服务的行业，同涉及国家安全的行业、自然垄断的行业以及支柱产业和高新技术产业中的重要骨干企业是混在一起谈论的。这与我们过去常说的对国有经济所做的自然垄断部门与非自然垄断部门的区分，也是有显著区别的。现在，我们已然熟知，自然垄断部门也可以有竞争性业务活动或环节，后者也是要加快市场化改革的。因此，不应该再简单地以自然垄断还是非自然垄断这一属性来作为确

定对国有企业经营活动的监管要求的依据。

2017 年，国务院办公厅转发的《国务院国资委以管资本为主推进职能转变方案》，明确提出实施分类监管，针对商业类和公益类国有企业的不同战略定位和发展目标，在战略规划制定、资本运作模式、人员选用机制、经营业绩考核等方面，实施更加精准有效的分类监管，制定差异化的监管目标、监管重点和监管措施。将上述针对我国国有企业功能定位的性质予以区隔性监管的新思路，与竞争中性原则的要求相比照时，不难发现，二者是完全一致的。竞争中性原则强调，大多数国有企业的经营活动应该遵循商业化运营的规范（Hilmer，1993；OECD，2009，2012；Capobianco & Christiansen，2012）。在有限的承担公共服务或公共政策职能的情况下，国有企业需要按照全成本定价原则，对相应经营活动的成本予以公平和透明的补偿。这包含有两个方面的具体要求：一方面，国有企业的商业活动与国有企业承担的公共服务、公共政策职能应当尽可能分开、分立，至少应当分别予以会计核算；另一方面，国有企业的公共服务、公共政策职能履行所对应的非商业化的业务活动，应该遵循更高的透明度与规范性要求，以确保国有企业所承担的这部分的公共服务义务，能够按照公允的核算价格水平来计算合理的补偿金额，并予以足额的、透明的支付，从而不违背公平竞争的规范性要求。

有观点认为，从长远来看，国有企业可能会像发达国家那样，聚焦于公益性特征更加显著的业务活动。这种观点从理论上讲有一定的合理性。但从当前及未来相对较近的一段时期来看，我国国有企业除商业化的经营活动外，还承担了相当数量的公益性活动和具有相对较强的国家战略功能的运营责任。在原则上，竞争中性原则允许国有企业在非市场化领域的经营活动，被划归到竞争中性原则适用范围之外。但从国外实践看，可以被划入不适用范围的国有企业的经营活动的规模与体量是相对较小的。我国拥有十分庞杂的国有企业的经营活动内容，这就使我们在实际工作中要想对不同性质的国有企业经营活动予以区隔性监管，变成了一项非常具有挑战性的任务。

如果将数量众多、资产规模庞大的国有企业群体都划归到可以豁免于竞争中性原则适应范围的企业类型，那显得不太符合国际社会的期望。如果将绝大多数的国有企业都划归到竞争中性原则适应范围之内，那又会对现阶段及未来一段时期我国国有企业的发展造成过大的制度压力或制度成本，而且，现实情况是，从我国国有经济的构成情况看，商业化的传统产业领域的国有经济占比呈现出日益下降的发展趋势，大量的新兴领域的业务活动占比正在较快地上升。我们已经有越来越多的国有企业承担了生态环境保护或前瞻性、战略性产业技术领域的科技创新活动。要想找到国际国内有共识的标准，来识别这些企业是否完全是按照商业化的方式来运营相关业务的，这并不是一件容易的事情。

3. 关于国有资本的商业化投资回报率的要求

各种针对国有企业运营活动与其绩效水平的研究成果表明，国有企业通常不会完全按照商业化规则来开展自身的业务活动，更进一步地讲，国有企业的经营活动往往不是以利润最大化或追求商业化的投资回报为经营目标的。这一点被视作为国有企业不同于民营企业的性质上的差别。竞争中性原则对国有企业行为的规制，在很大程度上就是要促进国有企业像民营企业那样开展经营活动。其中，关键性的一条就是要求国有企业像民营企业那样来实施资本的效率化配置（Hilmer，1993；OECD，2009，2012；Capobianco & Christiansen，2012）。在难以对国有企业的经营行为进行准确的评估的情况下，商业化投资回报率成为可以用于衡量国有企业是否遵循民营企业的经营行为规范的一个量化的和相对易于操作的衡量标准。

从我国国有企业的实际运营情况看，确实有提高国有资本配置和运营效率的强烈的内在发展需要。具体到两类国有资本公司，其中，国有资本运营公司按照商业化投资回报率的要求来运营的可能性要更大一些。因为国有资本运营公司以提升国有资本运营效率、提高国有资本回报为主要的经营目标，以财务性持股为主，主要是通过股权运作、基金投资、培育孵化、价值管理、有序进退等方式，实现国有资本合理流动和保值增值。相比之下，国有资本投资公司的情况更复杂一些。一方面，国有资本投资公

司应该按照政府确定的国有资本布局和结构优化要求，对战略性核心业务采取控股方式来运营，同时，通过开展投资融资、产业培育和资本运作等经营活动，发挥投资引导和推动国有资本结构调整优化的作用。这些经营活动原则上要按照商业化投资回报率的要求来开展。另一方面，国有资本投资公司也有服务国家战略和提升产业竞争力的功能使命，在关系国家安全、国民经济命脉的重要行业和关键领域，国有资本投资公司需要发挥推动产业集聚、化解过剩产能和转型升级的作用，培育核心竞争力和创新能力，积极参与国际竞争，着力提升国有资本控制力、影响力的功能与作用。国有资本投资公司的功能使命决定了在一定的时间周期里它们可能并不是那么明显地追逐利润最大化的经营目标。

商业化的投资回报率的测算与度量本身就是一个高度复杂的技术问题。首先，是基准值的设定。这个问题相对简单，比如，可以设定为无风险利率的水平。其次，是对国有企业的投资回报水平的测算。具体落实理论上可行的原则时会遇到各种实际问题。例如，是测算整个国有企业的投资回报水平，还是测算企业的具体的业务活动项目的投资回报水平？在实际操作中，还牵涉怎样精确核定待测算的投资活动的运营周期、怎样核算投资活动或交易活动的投入与产出水平、怎样对投资者制定分红政策等众多的、繁琐的专业性问题。即使是在全面贯彻和落实竞争中性政策的澳大利亚，其国有企业在推动国有资本的商业化投资回报率的要求付诸实践的过程中，也遇到了不小的困难。这就使有关国有资本的商业化投资回报率的要求，比较适合作为竞争中性原则中的一项指引性与原则性的要求，而不适合作为需要严格落地执行的政策依据。

三、国有资产监管体制创新现状及存在问题

在党的十八届三中全会刚刚召开之际，曾经有一类观点猜测，随着国

资监管体制的进一步创新，作为特设机构的国资委是不是有可能被取消？从近些年的实践情况来看：今后较长一段时间内，国资委不会像有些人猜测的那样被取消，而是要管一批国有资本运营公司、投资公司；也不是只做监督管理工作，而是要致力于调整国有资本的布局和结构，使国有资本配置更好地服务于国家的战略目标（张卓元，2014）。正如前文所指出的，党的十八大以来的国资监管体制创新，围绕"以管资本为主"和加大对新组建或设立的国有资本投资运营公司的授权这两条主线来展开。而这两条主线的共同任务，都可以归结为发展和壮大国有资本投资运营公司。这是新时代国资监管体制创新的题中之义。国有资本投资运营公司，特别是国有资本投资公司（以下我们主要探讨国有资本投资公司的相关改革实践问题），肩负探索面向未来的实体产业经济领域国有公司理想形态和发展方向的使命。与财政部监管的国有金融机构相比，国有资本公司的投资运营活动与实体经济直接密切相关，其开展的金融业务应该以不脱离实体经济发展需要为基本前提——这是它们区别于国有金融机构的根本点。

自2014年7月以来，中央企业已经有3批、19家企业参与了国有资本投资公司试点工作（另有2家企业参与了国有资本运营公司的试点工作）。从已有的试点工作情况看，参与国有资本投资公司试点的中央企业数量不多，而且，不同企业在业务活动和投资运营管理上各具特点，致使各个试点企业对国有投资公司试点工作的目标和重点任务缺乏统一认识。有的企业反映，试点工作方向不太明朗，在工作思路上有些混乱，处于"骑驴找马"的状态。几乎所有的国有资本投资公司试点企业都将企业改革的工作重点放在企业内部，主要改革举措集中在两个方面：一方面，强化自身服务国家战略的功能定位，着力提升国有资本投资运营效能，促进国有资本的布局优化和结构调整；另一方面，重点改革对集团的下属企业的管控方式，合理界定国资监管与运营权责边界，向下落实对企业的授权放权，加快转换企业经营机制，努力提高投资企业的国有资本运作的市场化水平。

与已经纳入试点范围的国有资本投资公司试点企业的积极改革形成反差的是，国有资本投资公司与国资监管部门之间的关系的调整与创新相对滞后。尽管国资监管部门在过去几年间做出了不少加快国有资产监管职能转变和持续优化国资监管程序的积极努力，但是，几乎所有的国有资本投资公司试点企业都在反映，在这项改革试点工作，企业从国资监管部门那里获得的政策创新方面的收获感比较低。相当一部分企业改革政策举措，被混同于其他企业改革试点任务中来推进。真正与国有资本投资公司试点工作紧密相关的重要政策创新相对缺位。不少企业呼吁：一是国资监管部门应加大对试点企业的授权力度；二是应该尽快建立区别于产业集团的、更加符合国有资本投资公司特点的分类考核与分类管理的体制机制。

具体到试点企业内部，我们观察到，参与国有投资公司试点工作的 19 家中央企业，大体上可以被划分为两大类：第一类是国有资本投资效能水平相对强的国有资本投资公司。这类企业的数量约占试点企业的一半左右。根据这些企业在资本运营功能与产业运营功能上侧重点的不同，可以进一步将其细分为两个子类：一个子类是资本运营功能相对突出的试点企业，约占试点企业总数的 1/6，以招商局、华润和国投为代表；另一个子类是产业运营功能相对突出的试点企业，约占试点企业总数的 1/3，如宝武集团、中国建材等。这两个子类中的一些优势企业，在其所在的行业领域，初步具备了世界一流企业的形式与状态。就竞争中性原则有关国有企业组织治理形式的要求而言，这一类国有资本投资公司基本处于"达标"状态，它们可以被视作为其他国有企业学习与对标的企业制度样板。

第二类是国有资本投资效能水平相对弱的国有资本投资公司。这类企业的数量也占试点企业总数的一半左右。这些企业的业务活动通常具有市场竞争程度整体上相对较高和体制机制相对灵活的优点，其综合效能水平稍好于国有产业集团的一般水平。但是，与另外一半的综合效能水平相对较高的国有资本投资公司试点企业相比，它们又在综合实力、履行产业功能与效能的水平上处于相对弱势状态——有的企业规模体量仍然比较小，有的企业在所处产业领域缺乏突出的和领先的优势，有的企业业绩水平相对较低，有的企业发展空间比较有限。这意味着，这些试点企业在功能分类上仍然有未尽的改革任务，需要抓住成为国有资本投资公司试点企业的契机，以效能提升为抓手，加快补齐自身在功能履行方面的短板。如果严格地运用竞争中性原则来审察，第二类的国有资本投资公司在业务投资活动、公司治理与企业运营管理等各个方面仍然会有不同程度的欠缺。但与未纳入试点范围的其他国有企业相比较，第二类国有资本投资公司的企业组织形式基本达到竞争中性原则的要求；同时，在依据企业的经营活动性质进行分类监管方面，这类国有资本投资公司也是能够基本达标的。第二类国有资本投资公司的最显著的短板在于，对国有资本的商业化投资回报率的要求上。在这一短板上，它们面临和其他为数众多的国有企业相似的、比较艰巨的挑战。

2022 年 7 月，基于对已有试点企业工作的评估，国资委将中国宝武、国家开发投资公司、招商局、华润集团和中国建材这 5 家企业转为正式的国有资本投资公司，将两家企业调出试点名单，其余 12 家企业继续深化试点。按照国资委的改革思路，中央企业最终形成国有资本投资公司、运营公司和产业集团这三类功能鲜明、分工明确、协调发展的格局。从这一举措可见：5 家转正的试点企业，作为综合效能水平最强的国有资本投资公司，已经具备了接受更加充分的和最大可能范围内的授权的资源条件与自主经营能力。这些企业有望按照最高水平的制度规范的要求，率先进入真正符合国有资本投资公司发展规律的、以管资本为主的国资分类监管的新体制机制之中去。从长远来看，我们认为，国资监管体制创新需要从大处着眼，重点关注以下三个方面的时代性的要求：

1. 国有资产监管体制需要致力于稳步提高国有资本投资运营的效率与效益水平

从全球范围来看，国有企业效率水平差，这是困扰各国国有企业的一个共性问题。竞争中性原则主张，国有企业的资本投资回报率应该与非国有企业持平。其意义，一方面在于提高国有企业的效率水平，帮助解决国有企业运营中的体制机制性顽疾；另一方面在于避免国有企业因为享有低资本回报率的经营特权，而生成相较于其他所有制企业的不公平的竞争优势。当然，竞争中性原则的要求在融入实践的过程中会遇到理想与现实相脱节的问题。从澳大利亚及其他发达国家的为数不多的国有企业的实践情况看，要解决国有企业效率问题，并不是靠引入像竞争中性原则这样的规则体系就可以轻松解决的。

从我国国有企业的具体实践情况看，国有企业效率水平也是困扰其正常运行的一个重要问题。20世纪90年代中后期，我国为数众多的改革相对滞后的国有企业的低效率问题已经积累到了非改不可的严重程度。在这种背景下，在20世纪90年代末期，"抓大放小"，对国有大企业实施的公司制股份制改革及对量大面广的低效率的国有中小企业实施市场化改革，成为关键性的改革任务。进入21世纪的短短几年间，人们就国有企业的低效率问题达成了越来越多的认识。在这一轮企业改革实施的过程中，国有企业的效率伴随着产权渐进式改革得到了改善，实现了在新基础上的发展壮大。在经历了2008年国际金融危机之后，中国的市场经济体制明确地否定了完全的市场化与自由化的改革方向。在随后的近十年时间里，做强做优做大国有企业的提法，日渐占据了舆论的主流。近年来，国资监管部门一直在释放国有经济总量持续扩张的积极信号，在2016年末以来，又在反复释放国有企业利润总额增长的积极信号。然而，数据分析表明，与其他所有制企业相比，国有企业占用资产创造收入和利润的运营效率水平呈现出了明显的相对下降的发展态势。也就是说，在过去20年左右的时间里，国有企业与其他所有制工业企业之间在运营效率上的差距不降反升了。

近年来，又出现了一些新的变化，随着供给侧结构性改革的推进，中美贸易战及2020年新冠肺炎疫情的发生，当民营经济效益水平大幅下滑时，主要集中在上游产业部门的国有企业的利润出现了罕见的大幅提升。这些财务数据的改善会使短期内的国有企业的效率和效益水平看起来具有向好发展的特征。但进一步的分析表明，国有企业的这一类效率和效益水平的改进，与企业自身的技术管理水平提升的相关度不大。而且，上述的企业效率效益的改善，与国有企业规模扩张的步伐相比，仍然是不相称的。从总体上看，尽管我们可以观察到国有企业的利润在短期内上升，但这种上升态势不一定是可持续的，对国民经济的整体发展也可能是弊大于利的，国有资本投资运营的效率与效益水平的下滑趋势仍然未得到真正的改观。

2. 国有资产监管体制需要通过创新来更好地适应培育新兴产业技术的战略任务

经历了改革开放 40 年，中国国有企业在国民经济中处于更加合理的地位且始终发挥着至关重要的作用，在这个过程中，国有企业的组织制度形式发生了积极意义的变化，形成了既有中国特色的制度安排又基本符合市场经济要求的公司制股份制的企业制度形式，实现了从国营单位向独立的企业主体的转变（黄群慧、余菁，2019）。按照政企分开、政资分开的原则，政府作为公共管理负责主体的角色与其作为国有资本出资人的负责主体的角色相分离，在此之后，国资监管部门作为国有资本的出资人不行使公共管理职责，而专司于国有资本的出资人职责。如果简单地遵循市场化和公司化的要求，那么，国资监管体制似乎只需要强调自身对国有企业的股东职责，强调对国有资本投资运营的效率和效益的追求。但是，在我国的国情和中国特色社会主义经济制度之下，国资监管体制创新的另一项任务，就是要努力避免发展出一个"唯利是图"的国有企业群体的问题。也就是说，国资监管体制创新的重要任务，是要使那些具有市场化和公司化形式的国有企业能够强化国家战略导向思维，能够以高度市场化和专业化的方式，来更加规范、更加高效地承担符合国家战略性要求的产业技术发展的使命与任务。

新时代，是新一轮科技革命全面引领产业技术经济变革的时代。人工智能、大数据、元宇宙、基因工程与生命科学、航天航空等重要的技术前沿领域，已经成为世界各国科技竞争与产业竞争的必争之地。国有企业能否在这些重要的产业技术领域建立自身的竞争优势，能否在其中体现出战略性的功能作用？能否持续地生发出有未来前景的技术创新活动与业务活动？能否展现出与我国经济在总量上的国际竞争实力相称的各个重要产业技术领域的领导地位？这是国资监管部门需要考虑的一项重中之重的使命与任务。尽管国资创新发展的方向是明确的，但我们可以清楚地观察到，到目前为止，我国的国资监管体制主要是围绕传统产业技术领域的国有企业的经营活动而建构起来的，这种监管体制原本不是那么适应新兴产业技术培育活动的。尽管我国国有企业已经积聚了大量资金、人才、技术等存量生产要求，但在以市场化的方式来培育先进生产要求和新兴领域的产业技术活动、激化国有企业在新经济领域的发展活力等方面，现行的国资监管体制仍然有明显的局限性。

3. 国有资产监管体制需要通过创新来适应融入国际市场竞争规则体系的挑战

在新时代，国有企业发展壮大的一项重要任务是要培育世界一流企业。从横截面上来看，与其他企业相比，世界一流企业必须是有实力、有竞争力的卓越企业。从纵向的历时性上来看，与不同时点上的自身相比，世界一流企业是在不断实施动态变革的，必须是跟得上时代脉动变奏的企业。世界一流企业应该栖身于有举足轻重地位的重要行业，且在重要行业领域拥有强大的综合实力和伟大成就。这些企业不仅要有意愿也要有能力对产业发展、技术创新、国家经济增长和社会进步、人民福祉的改善等多方面做出卓越贡献，同时，在国际产业体系中，需要有话语权和影响力，能够干预和影响到未来的市场竞争秩序，从而有可能在更长久的时间周期里占据有利的竞争地位（黄群慧等，2017）。国资监管部门强调中央企业要努力做到，"在国际资源配置当中能够占有主导地位""在全球行业发展中具有引领作用""在全球产业发展中有话语权和影响力"。与这样的发展要求相比，我国国有企业仍然有比较大的差距。

近年来，在国有资本投资运营公司试点工作中，有一小部分试点企业发展基础相对较好、改革意愿相对较强、市场化程度相对较高，它们完全可以在先行先试的改革试点与加快融入国际市场竞争规则体系的探索性工作中起到更加积极的作用，但受制于传统的国资监管体制机制的束缚，它们发挥的作用仍然有限。比如，有的国有企业已经在公司战略层面明确了拓展海外市场或新兴业务领域的战略任务。但在企业的实际业务运作过程中，却受到国资监管部门有关企业的非主业投资和海外投资以及在企业投融资、人事管理等监管政策与授权不充分的掣肘。这些规则有的是合理的、必要的，有的则是不必要地削弱了企业投资运营活动的灵活性，不利于企业高效发展海外业务、发展战略性新兴产业。再如，有的企业在履行国家战略功能方面发挥了积极作用，却面临过于严苛的财务指标考核上的约束；有的企业在国有资本投资运营效率上发挥了积极作用，却面临财务指标考核年年加码的挑战，抑制了企业在中长期履行国家战略功能上的更加积极作用的发挥。

从国有资本布局结构的总体情况来考察，国资监管体制也有进一步创新的必要性。我国国有企业数量相对较多，在同一产业领域，多家国有企业共同参与的情况并不罕见。有时，还有中央企业和地方国有企业一同参与。如何协同不同企业主体之间的利益关系，确定国家整体利益的最优化？而且，近年来，在一些重要的产业领域，国资监管部门不断有新设国有企业的动作。新设国有企业可以由多个国有企业作为其股东。随着国有企业之间业务活动的复杂化及企业出资关系的相互交织，如何使之更加适应复杂的国际市场竞争规则体系要求，避免国外对我国国有企业独立性的质疑？这是需要从国资监管体制上予以周全考虑的顶层设计的一个重要问题。在国外市场上，相关国有企业的业务活动有可能会出现恶性竞争；有时，正常的业务活动也有可能受到国外竞争企业的敌视或国外政府部门的歧视。如何在更好地适应高度复杂的国际市场竞争规则体系要求的前提下，尽可能以不违背竞争中性原则的方式来提高国有资本投资运营效率？这是需要在国资运营监管层面解答好的一个实践性问题。

四、进一步加快国有资产监管体制创新的政策建议

结合现行的国资监管体制中存在的问题，我们认为，进一步加快国资监管体制创新，关键在于真正确立以国有资本投资运营公司为市场主体的

监管思维，构建和完善符合国有资本投资运营公司发展壮大规律的国资监管体制。创新国资监管体制，需要走出国资监管部门的"舒适区"，努力突破国资监管部门对国有企业，特别是对新组建与设立的国有资本投资运营公司的监管思维与监管方式转变相对较缓慢的局面。这样的转变发生后，国有资本投资运营公司的发展空间将被进一步拓宽。在操作层面，本书建议从以下三个方面构建和完善新的国资分类监管体系：

第一，新的国资分类监管体系应该是对现行国资分类监管体系的拓展、优化与创新。其适用对象应以达到综合效能评估要求的国有资本投资公司为主。目前，国资监管机构的一些部门在行使监管职权时，始终有对被监管企业不放心的疑虑，对授权时企业到底"能不能接住"放下去的权力，顾虑重重。因此，在操作中，先要对国有资本投资公司试点企业进行效能评估，优中选优，做到授权有据，这有助于帮助缓解国资监管的相应机构或部门的顾虑情况，彻底解决不敢放权、不愿放权、不会放权的问题。符合国有资本投资公司发展规律的新的国资监管体系的确立，将推动解决现行国资监管体系管得过多、过细，监管方式行政化色彩相对重，监管成本相对高和监管效率相对低的突出矛盾。随着新的国资监管体系顺畅运转，越来越多具备条件的试点企业和产业集团将陆续转为国有资本投资公司，加快并入新的国资监管体系的制度轨道上来运行。

第二，新的国资分类监管体系，对达到综合效能评估要求的国有资本投资公司，应该考虑探索采用能够适应企业效能水平来进行动态调整的授权方式。在授权上，重要举措之一是大幅放开主业管理和非主业投资规划方面的限制。国有资本投资公司高效运营的核心业务活动，是通过产业投资规划，动态适应环境变化不断优化、调整业务范围，保持国有资本在不同产业领域的最优配置，这是国有资本投资公司区别于一般国有企业的核心竞争力。从目前的情况看，综合效能水平相对强的国有资本投资公司试点企业对自身的战略的把控能力与经营风险防范能力，优于其他国有企业。同时，这些企业在当前形势下，面临大力培育和拓展新兴产业领域的艰巨任务，新业务领域的活动充满不确定性，对企业投资运营活动的灵活性有非常高的要求。国资监管部门现有的各种主业与非主业的管理制度，适用于主业占比高和业务构成相对稳定的产业集团，能够较好地防控产业集团乱投资的风险，这是其制度优势的一面，但是，这些管理制度明显地滞后，也束缚了国有资本投资公司的新业务发展。为此，需要结合国有资本投资公司业务发展实际，大幅度放宽对相关业务的主业认定程序，取消非主业投资比例的限制，鼓励这些企业勇于创新，按照国有资本灵活配置的客观规律，来高效防控经营风险和提高投资运营效率。

第三，新的国资分类监管体系应该为达到综合效能评估要求的国有资本投资公司，设计更精准和量身定制的分类管理制度。目前，国资监管机构的各个部门对国有资本投资公司的定位与作用的认识不统一，一些部门仍然将国有资本投资公司等同于其他产业集团，实施同样的管理制度。例如，在考核管理上，管理的基本思路是根据企业的主业功能类型的不同，来实施分类考核。照此思路，同一行业主业内的产业集团和国有资本投资公司考核办法基本相似，只是在具体指标上有些许差异。现行的国资监管政策，在分类管理和差异化管理的精细度上，仍然有很大的提升空间。当下，国有企业面临的形势与任务非常复杂。在现存的监管体系下，要想推行差异化管理，难度非常大，不太现实。而"一刀切"的政策在实践中容易造成企业行为的扭曲。我们建议，应该率先探索针对少而精的国有资本投资公司的新的分类监管制度，遵循"一企一策"的方针，从对具体的国有资本投资公司在功能与效能上的分类管理的要求出发，为企业量身定制精准分类监管办法。精准施策有助于改变传统做法，真正推动国资监管体制机制创新，全面提高国资监管效能。

参考文献

[1] Capobianco A., H. Christiansen, "Competitive Neutrality and State-

owned Enterprises：Challenges and Policy Options", OECD Corporate Governance Working Papers, 2012.

［2］Hilmer F. G., National Competition Policy Review, Australian Government Publishing Service, 1993.

［3］OECD, Competitive Neutrality：Maintaining a Level Playing Field Between Public and Private Business, 2012, OECD Publishing.

［4］OECD, State Owned Enterprises and the Principle of Competitive Neutrality, 2009, http：//www. oecd. org/daf/ca/corporategovernanceofstate－ownedenterprises/50251005. pdf。

［5］黄群慧、余菁：《国有企业改革的进程、效率与未来方向》，《南京大学学报》2019 年第 1 期。

［6］黄群慧、余菁、王涛：《培育世界一流企业：国际经验与中国情境》，《中国工业经济》2017 年第 11 期。

［7］罗瑞青：《浅析我国经营性国有资产管理体制的完善》，《国有资产管理》2014 年第 4 期。

［8］荣兆梓：《国有资产管理体制进一步改革的总体思路》，《中国工业经济》2012 年第 1 期。

［9］张卓元：《国有资本配置应服务于国家战略目标》，《上海证券报》，2014 年 10 月 24 日。

第四章
竞争中性原则与混合所有制改革

　　党的十八大以来，党中央对混合所有制改革的重视程度不断提高。随着国资国企改革向纵深推进，以"管资本"为主的国资监管体制改革和以"积极发展混合所有制经济"为主的国有企业经营机制转变成为国资国企改革的重要抓手。这两大主攻方向分别从宏观和微观层面驱动国资国企改革向前发展。竞争中性作为国际通行的规则约束，近年来常在中美经贸对话中涉及产业政策和国有企业议题中被提及，因此逐渐引发重视。如何在我国现阶段经济体制改革的大背景下，引入竞争中性原则加速推进混合所有制改革是理论界和实践圈都普遍关心的问题，也是关系到构建新发展格局、实现高质量发展的具有关键节点意义的核心问题。本章将围绕混合所有制改革和竞争中性原则进行学理分析，以期为混合所有制改革的进一步推进提供有借鉴意义的参考。竞争中性要求国有企业与其他所有制企业一样，依法平等使用生产要素，公平参与市场竞争，同等受到法律保护。2019年《政府工作报告》专门提出要"按照竞争中性原则，在要素获取、准入许可、经营运行、政府采购和招投标等方面，对各类所有制企业平等对待"。竞争中性对混合所有制改革提出了新要求，也指明了新方向和新思路。从两者追求的价值目标与核心理念看，混合所有制改革与竞争中性原则保持高度一致性。应按照竞争中性要求深入推进混合所有制改革，一方面必须充分发挥混合所有制改革后的股权治理效应，避免出现"形似神不似"的现象；另一方面要加快转变国有资本监管体制机制，建立健全"管资本"为主的监管模式。

一、混合所有制改革的内涵与演进

伴随中国国有企业改革的不断深化，混合所有制改革的内涵与实践也处于动态演化过程。从将发展混合所有制经济与公有制多种实现形式相联系，到将发展混合所有制经济与推进国有经济布局优化和结构调整，以及全面深化国有企业改革相联系，对于混合所有制改革的关注和讨论正在逐步由思想认识深入到具体实践，从宏观经济制度层面渗透到中微观产业和组织运行层面。

1. 混合所有制改革的内涵剖析

混合所有制的概念最早是在1993年党的十四届三中全会上提出的，用的是"混合所有的经济"一词。1997年，党的十五大正式提出混合所有制经济的概念，"要全面认识公有制经济的含义，公有制经济不仅包括国有经济和集体经济，还包括混合所有制经济中的国有成分和集体成分"。2002年，党的十六大报告也明确提出，"积极推行股份制，发展混合所有制经济"。2013年，党的十八届三中全会将混合所有制经济提到了"基本经济制度的重要实现形式"的高度（卫兴华，2019；季晓南，2019）。2019年，党的十九届四中全会提出，"探索公有制多种实现形式，推进国有经济布局优化和结构调整，发展混合所有制经济"，混合所有制改革成为国有经济优化与调整的重要抓手，并且在党的十八届三中全会以来的历次重要会议中均有提及。特别是在国企改革"双百行动""三年行动"等一系列具体的行动方案出台以后，混合所有制改革已呈现加速推进、全面落地的趋势，有关研究成果也从理论思辨到实证检验再到案例分析呈现全面开花的状态。因此，对于混合所有制改革内涵的理解，也将从宏观、中观和微观三个层次来进行解读，即宏观层面的所有制变革角度、中观层面的国有经济布局优化和结构调整以及微观层面的国企改革视角。

（1）所有制结构变革的分析视角。我国正处于社会主义初级阶段，实行以公有制为主体，多种所有制经济共同发展的基本经济制度。可见，所有制结构反映了基本经济制度。中华人民共和国成立70多年来，我国的所有制结构也经历了数次的调整，从中华人民共和国成立初期国有经济、资本主义经济、个体经济并存，到改造为清一色的公有制经济，再到改革开放时期发展为以公有制为主体，私有、外资及公私混合等多种所有制经济并存的结构（刘戒骄、王德华，2019），每一次所有制结构的调整都是社会主义理论发展与解放和发展生产力实践相结合的客观要求。

特别是改革开放以来，"社会主义"与"市场经济"不相容的制度迷思被破除，公有制经济在国民经济中的占比呈现趋势性下降，但仍然在关系国计民生的关键性领域占据主导地位。同时，非公有制经济得到了长足的发展，非公有制经济的地位显著提升，习近平总书记在2018年民营企业座谈会上提出的民营经济"56789"的论断就充分肯定了民营经济的作用。不同所有制之间产权的流转，有利于促进公有制经济和非公有制经济的竞合互补，混合所有制经济得到发展（施成杰，2019）。党的十八届三中全会之前，在谈到混合所有制经济时，更多还是从做强做优做大公有制经济的角度出发的，通过混合，使国有经济能够撬动更多的社会资源，从而放大国有经济的功能，增强国有经济的活力和竞争力（包炜杰、周文，2019）。党的十八届三中全会在提到混合所有制经济时，强调了非公有制经济的发展，以及公有制经济和非公有制经济之间的交叉持股和相互融合，既要"有利于国有资本放大功能、保值增值、提高竞争力"，又要"有利于各种所有制资本取长补短、相互促进、共同发展"。因此，实行混合所有制经济，应是双向混合，即既有私人资本参股国有企业，也有国有资本参股私营企业。国资参股私企，私企可拥有绝对控股权或相对控股权，可扩大私资的影响力和竞争力。私有资本参股国有企业，不是把国有企业已做好的大蛋糕进行分割，切一大块分给私资，而是由私资投资国有企业进行参股，进一步做大蛋糕，共享新增利润（卫兴华，2019；游咏，2019）。混合所有制经济成为基本经济制度的重要性实现形式。

（2）优化国有经济布局的分析视角。所有制结构的调整和完善在中观层面的体现就是国有资本有进有退、有所为有所不为，通过国有资本在一般性竞争领域退出，并更多地投向关系国计民生、国民经济命脉的重要行业和关键领域，实现国有经济的布局调整和产业结构的优化升级。自党的十五届四中全会提出推动国有经济结构调整、布局优化以来，混合所有制改革就作为重要的工作抓手在改革实践中稳步推进，特别是在国有企业分类改革以后，混合所有制改革的进程明显加快。

依据国有企业分类改革思路，国有企业被分为公益类和商业类。公益类国企被赋予的使命是保障民生、提供公共产品和服务。这一类国有企业不适宜推进混合所有制改革，而是适合国有独资或公有制体系内部的股份制，以弥补市场失灵，完成非公有制经济不愿做或做不了的事。商业类国有企业又进一步细分为主业处于充分竞争行业和领域的商业一类国有企业和主业处于重要行业和关键领域的商业二类国有企业。对于这两种商业类国有企业混合所有制改革推进的原则是"宜混则混、宜独则独、宜控则控"，即对于商业一类国有企业，要完全按照市场化标准和要求积极引入非公资本实现股权多元化，国有资本可以控股、参股，也可以完全退出，使处于该竞争性领域的企业，无论是何种所有制身份，都真正成为自负盈亏、自主经营的独立市场主体。这一类别国有企业的混合所有制改革的程度最深、任务最艰巨，成果也最受期待（黄速建等，2020）。对于商业二类国有企业，在推进混合所有制改革时要保证在国有资本控股的前提下进行产权多元化的股份制改造，其目的在于提高效率和破除垄断。这一类国有企业混合所有制改革的重点在于区分自然垄断环节和可竞争环节，在可竞争环节上打破行政垄断，放宽市场准入、降低行业门槛、引入竞争机制，推动实现国有企业和民营企业公平竞争、共同发展的格局，实现总体效率的提升（黄速建等，2019）。

结合国有企业分类改革，混合所有制改革可以有效地引导国有资本从竞争性领域向重要行业和关键领域转移，这一方面能解决国有资本由于布局战线过长、分布过宽、领域过散所带来的产能过剩和资源重复配置的问题，还有利于提升管理效率、提高治理效能、更新价值理念和丰富投资手段。

（3）国有企业改革的分析视角。以所有制结构变革为表征的经济体制发展史折射到微观层面上就是我国国有企业的改革历程（黄群慧，2018）。宋英俊（2019）梳理了改革开放40多年来国有企业的改革历程，将其划分为四个阶段：放权让利、两权分离、建立现代企业制度和建立现代产权制度。朱磊等（2019）又以党的十八届三中全会为分界点，将第四个阶段细分为推动融合期和分类深化期（见图4-1）。其中，大力发展混合所有制经济就是第四阶段的重要任务，混合所有制改革成为现阶段国企改革的重要突破口。

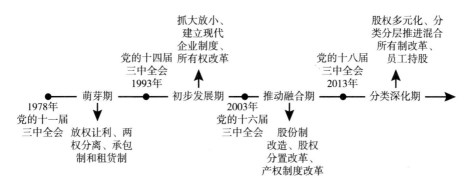

图4-1　国有企业改革的四个阶段

资料来源：朱磊等（2019）。

长期以来，国有企业因为所有者缺位、预算软约束、激励不相容等弊端饱受诟病，的确存在着投资效率低下（Denis and Sibilkov，2010；孙姝等，2019）、创新水平低（陈林等，2019；朱磊等，2019）、风险敞口大（彭华伟、蒋琪，2019）、经济附加值低（Brandt and Rawski，2008）等问题。据国家统计局的数据，2020年规模以上国有企业的资产总额为50.05万亿元，是规模以上私营企业34.50万亿元的1.45倍。然而，形成鲜明对比的是，庞大的国有企业资产规模却没有产生与之相匹配的经济效益，2020年规模以上国有企业利润总额为1.53万亿元，体量小得多的私营企业却创造出了2.38万亿元的利润。此外，私营企业在拉动就业方面也发挥了远超国企的作用。2019 年规模以上私营企业吸纳劳动力 22833 万人，而国有企业仅有 5473 万人，私营企业是国有企业的 4 倍多。因此，对国有企业进行混合所有制改革，引入非公有制资本，对于优化国有企业股权结构，提高国有企业公司治理水平，改善国有企业经营绩效都具有重要的意义。凌志雄、夏倍蓉（2019）发现国有企业在进行混合所有制改革后，投资效率得到了显著的提升。张五星等（2019）分析了联通混合所有制改革的实践，指出通过混合所有制改革引入的股权制衡机制可以改善公司的治理结构，进而提升企业价值。William 和 Jeffery（2001）认为"混合所有"的股权结构有助于提高公司绩效。朱磊等（2019）发现混合所有制改革是通过提升企业的创新效率来提高公司的价值的。沈红波等（2019）通过云南白药混合所有制改革的案例，提出要在引入非公有制经济的同时，进行治理结构以及人才机制和管理体制的变革，完善现代企业制度，方能提高国企的资产效率。

从以上宏观、中观和微观三个层次对于混合所有制改革内涵的探讨可知，混合所有制的核心在于不同所有制之间的混合，即在企业内部以资本为纽带将公有制、私有制等不同形态的所有制进行融合，以期达到互相促进、优势互补、共同发展的效果，而同一所有制内部不同归属的产权之间的合作都不能称为混合所有制，只能叫作股权多元化。国有企业混合所有制改革的初衷既不是要将国企私有化，也不是要吞并私营经济，而是借国有资本与非国有资本相互融合之手段放大国有资本功能，提高国有资本运营效率，同时做强、做优、做大国有企业和民营企业，培育出具有全球竞争力的世界一流企业（李政、艾尼瓦尔，2018）。

2. 混合所有制改革的发展历程

我国经济体制的变革是混合所有制改革的宏观背景，而在此背景下，国有企业改革与民营企业发展壮大作为两条起点不同的经济主体发展路径，逐渐出现收敛的趋势，也即混合所有制企业的形成和发展。因此，梳理混合所有制改革的发展历程，离不开对经济体制演变历程、国有企业改革过程和民营企业发展历程的综合分析。

（1）萌芽期（1978~1992 年）。党的十一届三中全会之后，我国的经济体制开始由"计划经济"向"计划经济为主、市场调节为辅"，再到"计划经济与市场调节相结合"快速变迁。在这样的大背景下，一方面，国家开始放松对国有企业的管制，给予国有企业更大的经营自主权，并实行"利改税"，改革国有企业利润分配制度，以此调动国有企业经营者的积极性，并借由这样的放权让利改革推动政企分离、社企分离，使国有企业逐步向独立利益主体转变（项安波，2018）；另一方面，随着传统计划经济体制逐步打开缺口，私有经济的合法性得到认可，民营企业开始破土而出。于是，生产要素开始在不同所有制之间流转，公有制经济与非公有制经济之间开始出现碰撞与合作，实践表现为国有企业和集体企业开始与民营企业或外资企业进行合资经营或合作经营，出现了形式上的混合（何瑛、杨琳，2021），混合所有制的萌芽开始显现。

（2）发展期（1993~2002 年）。1992 年，邓小平同志在南方谈话中提出我国要建立社会主义市场经济体制，并提出以"三个有利于"作为判断改革开放事业是否行进在正确道路上的标准，这将人们彻底从计划经济体制的思想桎梏中解放出来。以市场经济发展社会主义最重要的就是培育适格的市场主体，而国有企业和民营企业是两类最主要的市场主体，因此加快国有企业转换经营机制，建立现代企业制度与进一步放松对民营企业的限制，加快民营企业的成长便成为这个阶段最核心的任务。在国有企业改革方面，经过上一阶段放权让利改革的探索，虽然国有企业管理者的积极性有了极大的提高，但同时伴随而来的是机会主义行为和短视做法，涸泽而渔，只求短期经营绩效的好看，给国有企业的长远发展埋下了巨大的隐患，造成了 20 世纪 90 年代国有企业的大面积亏损和普遍性的经营困难。党的十五届四中全会做出了国有经济布局战略性调整的决定，对国有企业"抓大放小"，实施三年脱困计划，建立"产权清晰、权责明确、政企分开、管理科学"的现代企业制度。在民营企业发展方面，对民营企业在解决就业、满足市场需求、促进国民经济发展中的作用予以肯定，结合国有经济布局战略性调整的机遇期，进一步破除民营企业发展的壁垒，为民营企业提供了巨大的发展空间，民营企业进入了发展的快车道。此时的国有企业和民营企业都处在各自"强肌健体"的过程中，混合所有制尚未进入实质性协同阶段，改革进程仍在持续酝酿中。

（3）完善期（2003~2013年）。随着公有制经济和非公有制经济的持续发展，我国确立了"公有制为主体，多种所有制经济共同发展"的社会主义初级阶段基本经济制度，提出了"两个毫不动摇"的指导方针，并对完善社会主义市场经济体制做出了全面部署。国有企业改革进入更深层次的国有资产管理体制改革阶段，涉及行政体制和政府机构的改革，以及利益的调整和权力的重新分配（项安波，2018）。2003年国资委的成立改变了原来国有企业监管"五龙治水"的模式，使国有资产出资人的位置不再虚置，国有企业迎来了一轮规模扩张和实力增长。同一阶段，在"毫不动摇地鼓励、支持和引导非公有制经济发展"的政策导向下，民营企业抓住我国加入WTO的历史性机遇，积极融入全球供应链、产业链、价值链，实现了跨越式发展。这一时期的混合所有制改革开始进入实质性发展阶段，随着国有企业产权改革的不断深入，股份制改革成为这一时期混合所有制改革的主要形式，公有制经济与非公有制经济进入实质性的产权混合阶段，主要实现方式包括引入战略投资者、管理层收购（MBO）、员工持股（ESOP）和改制上市等。产权混合所带来的产权结构多元化对于提高企业的经营效率起到了积极作用。

（4）深化期（2013年至今）。党的十八届三中全会确立了全面深化改革的总方针，经济体制改革进入了攻坚克难的深水区。在宏观经济由高速增长向高质量增长转换的背景下，创新驱动增长代替要素投入成为经济增长的主要动力，这对市场竞争环境的公平性和政策对各类市场主体的普惠性提出了更高的要求，叠加竞争中性等国际规则的外部约束，我国的国有企业改革进入了纵深推进区。中央出台了关于国资国企改革的"1+N"政策体系，明确了新一轮国有企业改革的两个主攻方向：以"管资本"为主的国资监管体制改革和以混合所有制改革为主的经营机制改革。这一阶段，公有制经济和非公有制经济都被明确界定为社会主义市场经济的重要组成部分，民营企业的发展受到了国家史无前例的重视。从维护市场公平竞争，创造更好营商环境角度出发，一方面，国有企业分类改革为混合所有制改革的进一步推进扫除了制度障碍；另一方面，竞争政策基础性地位的确立，为要素的自由流动和市场化最优配置提供了制度保障，混合所有制改革进入了加速深化的新周期。以"混"促"改"、以"混"促"合"成为这一阶段混合所有制改革的重要任务，即通过资本和产权的混合，促进经营机制的转变，经营智慧和文化价值的融合，如更加注重引入高匹配度、高协调性、高认同感的战略投资者参与到公司治理中，通过产权混合完善法人治理结构，理顺党组会、董事会、股东会即管理层的权责关系，落实劳动、人事、分配三项制度改革，以市场化经营机制真正实现多元产权的协同效应（何瑛、杨琳，2021）。

二、竞争中性原则对混合所有制改革的要求

2018 年，现任中国人民银行行长易纲在 G30 国际银行业研讨会上的发言明确提出要以"竞争中性"原则对待国有企业，这是中国官方首次在对外正式场合中提及竞争中性这一概念。然而，竞争中性的思想实际上早已在我国官方发言或政策文件中有所表达。竞争中性的核心理念、基本要义、目标追求、内在逻辑、主要内容和实现方式都与我国国有企业改革的目标方向、战略思路和重点领域存在深刻的链接与映射关系（黄速建等，2019）。比如，党的十八大报告中提出"保证各种所有制经济依法平等使用生产要素、公平参与市场竞争、同等受到法律保护"，党的十九大报告强调要"清理废除妨碍统一市场和公平竞争的各种规定和做法"，李克强总理在 2019 年《政府工作报告》中特别指出要"按照竞争中性原则，在要素获取、准入许可、经营运行、政府采购和招投标等方面，对各类所有制企业平等对待"。与中央精神相对应的，我国经济政策体系也逐渐由以

产业政策为主导向以竞争政策为基础转变。

1. 充分认识竞争中性原则与混合所有制改革的内在一致性

回顾我国 40 多年的国有企业改革历程，产权制度改革始终是其中一个核心领域，包含国有企业股权多元化在内的广义上的混合所有制改革由来已久。相对而言，竞争中性是一个兴起于西方国家并逐渐推广至全球的外来概念，不同国家和国际组织对其内涵的理解尚未达成共识。但是深入分析可以发现，混合所有制改革与竞争中性原则保持高度一致，两者在价值追求与核心理念上是十分契合的（王欣，2019）。

首先，混合所有制改革有利于促进市场进入平等和公平竞争。竞争中性原则要求不同所有制企业享有公平参与市场竞争的权利。这突出表现在垄断行业的市场进入壁垒问题，要求通过区分垄断行业的自然垄断环节和可竞争环节，打破行政垄断，放宽市场准入，降低行业门槛，引入竞争机制，推动垄断行业的竞争性领域实现投资主体多元化，形成国有企业和民营企业公平竞争、共同发展的良性格局。长期以来，垄断行业的国有企业改革是国资国企改革的一块"硬骨头"，在以电力、石油、民航、电信等为代表的多个领域，国有企业占据绝对主导地位，而民营企业面临市场进入障碍，"玻璃门""旋转门""弹簧门"现象普遍存在。近年来，伴随垄断行业改革的不断深入，尤其是国家电网、中石油、中石化、东方航空、中国联通等中央企业混合所有制改革方案的推出，为民间资本进入垄断行业竞争性领域开辟了新的路径，拓展了发展空间。这与竞争中性的要求相一致。

其次，混合所有制改革有利于增强市场主体活力和资源配置效率。竞争中性追求更强的市场主体活力和更高的资源配置效率。竞争中性要求政府对不同所有制企业之间的竞争保持中立，其本真的出发点是要通过发挥竞争的优胜劣汰功能，促使参与市场竞争的所有企业增强发展活力、提升发展质量，最终实现全社会范围内资源的优化配置和有效利用。我国大部分国有企业是在计划经济体制下逐渐成长和发展起来的，在相当长的时期承担了政府赋予的特殊功能，为中国经济建设与社会发展提供了坚强的支撑。在市场经济环境下，受到制度惯性和路径依赖的作用，国有企业群体凸显出活力欠缺、效率不高等问题，这与其拥有的资源优势显然不相匹配。混合所有制改革正是着眼于解决这一现实问题，核心目标就是激发国有企业市场活力、提升资源配置效率。由此可见，这与竞争中性追求的目标相契合。

再次，混合所有制改革有利于优化国有企业治理结构和运行机制。竞争中性目标的实现有赖于市场主体良好的公司治理绩效。促使国有企业市场活力和发展质量提升的根本动力在于治理结构和运行机制的优化。竞争中性所要求的"简化国有企业运作形式""获取合理的商业回报率"和"监管中性"都有赖于良好的公司治理，这也是 OECD 一直强调国有企业公司治理与竞争中性相融性的重要原因。当前推行的混合所有制改革，实施的主要路径是通过国有资本和非国有资本的"混合"，实现企业产权层面的多元化、制衡化，改变国有企业"一股独大"导致的多重治理诟病，建立与市场经济相配套的现代化治理体系和市场化经营机制。国有企业混合所有制改革能否真正发挥实效，关键就在于是否彻底改变了内部治理结构和运营机制，进而从治理层面和制度层面引导和规范国有企业的行为。从这层意义上讲，混合所有制改革与竞争中性的基本要求是一致的。

最后，混合所有制改革有利于推动国有资产监督管理模式转型。竞争中性要求政府保持中立并避免国有企业获得不当竞争优势或劣势。竞争中性生成逻辑的关键在于政府与国有企业的关系，偏颇的联结关系与不当的制度安排容易导致政府对国有企业的"特别关照"，造成竞争非中性甚至竞争扭曲，因此竞争中性要求消除这种偏颇的联结关系与不当的制度安排。政府与国有企业的关系既依赖于深层次的产权改革，又反映于国有资产监管模式。我国正处于向"管资本"为主的国有资产监管模式转型的重要时期。推行混合所有制改革将改变国有企业的股权结构，尤其是竞争性领域的国有企业，国有资本可能从绝对控股地位转变为相对控股和参股地位，这势必改变政府与国有企业之间的关系，"倒逼"国有资产监管模式的转型。以"管资本"为主的国有资产监管模式有利于调整政企关系，避免国有企业获取相对民营企业的不当竞争优势或劣势，这与竞争中性的根

本逻辑和监管中性要求高度契合。

2. 高度重视竞争中性原则对混合所有制改革的深刻影响

竞争中性原则对我国当前的混合所有制改革提出新的要求，同时对国有企业运营管理的多个方面产生深刻的影响。从竞争中性原则的"八大基石"来看，竞争中性原则对混合所有制改革的影响主要表现在以下方面（见图4-2）：

（1）企业经营形式。竞争中性原则并不要求国有企业一定要实施"私有化"，但是要求"简化国有企业运作形式"，其中蕴含着国有企业应当具有较高的公司化程度，并且对商业和非商业目标进行有效分离，这就需要对国有企业进行精准的分类改革。同时，混合所有制改革除了资本层面的混合，还要将产权多元化与健全企业法人治理结构结合起来，切实转变国有企业经营机制和治理机制，进一步建立健全现代企业制度，提高混合所有制改革后企业的运行效率和公司化程度（程俊杰、黄速建，2019）。

（2）成本确认。竞争中性原则要求企业成本结构符合透明度与合理性要求。对于实施混合所有制改革的国有企业而言，应当对照 OECD、ISO 等国际组织提出的透明度和信息披露原则，及时、准确地披露企业财务报告和成本报告。从内部成本构成来看，国有企业往往存在一些无法定量衡量的成本，在混合所有制改革过程中应当按照市场化定价规则予以明确。此外，国有企业的人工成本也应当引进贡献与报酬相匹配的市场化薪酬机制，进一步健全长效激励约束机制。

（3）商业回报率。竞争中性原则要求国有企业成为独立的市场主体，并且其商业行为与其他类型的企业并无差异，从而促使市场上的各类主体获得一致的商业回报率。从这个角度来看，国有企业在实施混合所有制改革过程中，应当遵循市场化原则自主选择混合所有制改革对象，避免政府发挥强制作用。在股权治理结构和治理机制中，也要严格按照市场化规则执行，尊重不同资本类型投资者的合法权益。在国有资产定价时，尤其要注意采用市场通行的商业回报率作为评价基础，防止人为因素导致的资产价格扭曲现象。

（4）公共服务义务。竞争中性原则要求政府对国有企业提供的公共服务采取合理的补偿方式，并且公开透明。受到历史沿革和企业多元化经营等多重因素的影响，许多国有企业在开展商业活动的同时，还承担着或多或少的公共服务功能。这些国有企业在推进混合所有制改革时，应特别注意准确区分公共服务和商业活动两类功能，必须明确提供的公共服务是否需要政府予以补偿，以及所遵循的补偿标准、信息披露要求等具体内容。

（5）税收中性。竞争中性原则要求国有企业与其他类型的企业享受同等的税收待遇，不能因为国有企业的特殊身份而享受更多的税收优惠。近年来，为了大力推进混合所有制改革，国家和地方政府出台了多项鼓励政策，其中就包括财政税收支持政策。国有企业实施混合所有制改革过程中，可以充分运用这些既有的优惠政策。但是，这些优惠政策并不是专属于国有企业的，而是适用于所有参与混合所有制改革的市场主体，需要确保符合条件的各类企业享有同等程度的支持力度。

（6）监管中性。竞争中性原则要求政府对各类企业采取法治化、市场化的监管模式，尤其是确保政府的监管职能与所有权职能有效分离，从而保证国有企业成为真正独立的市场主体。我国国资监管体制正在向以"管资本"为主的新型监管模式转变，这种新模式符合竞争中性原则的内在要求。对于混合所有制企业而言，股权结构比传统的国有企业更加复杂，政府作为出资人代表不再享有"一股独大"的决策权，而是需要按照现代化公司治理规则参与重大决策。与此同时，还应加强对各类企业的行业监管和社会监督，并确保不同类型的企业接受同等程度的外部监管。

（7）债务中性。竞争中性原则提出"债务和直接补贴中性"要求，这需要破解国有企业的预算软约束问题。国有企业预算软约束有多方面原因，许多国有企业仍然存在不同程度的预算软约束，已经造成严重产能过剩、"僵尸企业"等负面影响。在混合所有制改革过程中，必须避免地方政府出于"本位主义"而导致的不平等竞争现象，应当确保不同类型企业享受同等的融资和补贴待遇。同时，要深化国有资本经营预算制度改革，建立健全优胜劣汰的市场化竞争机制。

（8）政府采购。竞争中性原则要求政府采购的规则制定和过程运用对于所有市场主体平等对待。现实中，一些地方政府为了吸引优质资本来本地区参与混合所有制改革，承诺在政府采购中优先考虑特定企业的产品和服务，这显然是违背竞争中性原则的行为。在政府采购制度建设和实施过程中，必须保障不同所有制类型、不同规模、不同地区的企业享受平等竞争。

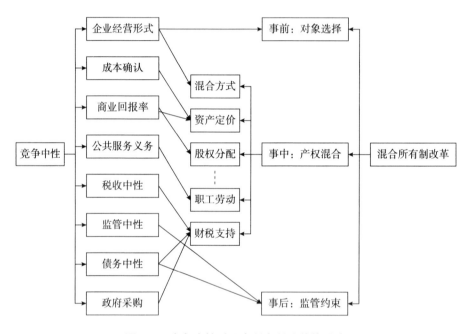

图 4-2　竞争中性对混合所有制改革的影响

资料来源：程俊杰、黄速建（2019）。

三、当前混合所有制改革的进展及问题

党的十八大以来，国资委和中央企业按照党中央、国务院的决策部署，积极稳妥推动混合所有制改革，取得了一系列可喜的进展和成效。但是，受到制度环境、治理结构、经营机制等多重因素的影响，混合所有制改革过程中产生的问题也逐渐暴露出来。

1. 混合所有制改革的进展与成效

根据国资委网站数据显示，截至 2020 年底，就混合所有制改革所涉及的领域看，混合所有制改革不仅在充分竞争行业和领域全面展开，还在电力、电信、军工、民航等重要领域也有序开展。就混合所有制改革规模而言，自 2013 年以来，中央企业推进的混合所有制改革事项达到了 4000 项，引进了各类社会资本超过 1.5 万亿元。混合所有制改革企业的户数在中央企业层面已经超过了中央企业法人单位的 70% 以上，比 2012 年底提高了近 20 个百分点，省级国有企业混合所有制改革比例接近 60%。就国有资本影响力而言，在中央企业的所有者权益中，由于引进社会资本形成的少数股东权益占比由 2012 年底的将近 27% 提升到了 2020 年底的 38%。中央企业通过投资入股、并购重组、增资扩股等方式引进了超过 1700 亿元的社会资本，同比增长了 28%。中央企业通过产业链、供应链的合作，与广大的民营企业、中小企业协调发展，投资入股超过 6000 家非公企业，投资总额也超过了 4000 亿元，形成了一批高精尖的"隐形冠军"和各领域的龙头企业。就混合所有制改革效果而言，混合所有制改革后实现利润增长的企业超过七成，而且切实推动了经营机制的转换。以"混"促"改"，混合所有制企业在推动形成中国特色现代企业制度、劳动人事分配制度改革、中长期激励机制的形成等方面取得了重要进展，涌现出了像海康威视、万华化学、中国巨石等一批具有示范性和标杆意义的混合所有制改革企业。2020 年启动的国企改革"三年行动"是深化混合所有制改革的关键期。在前三批 50 家试点的基础上，国家又出台了进一步深化国有企业混合所有制改革的实施意见，推出第四批 160 家企业混合所有制改革试点，其中已有 35 户完成或基本完成引进战略投资者的任务。目前，电力、铁路、石油、军工等七大领域混合所有制改革也在大力推进。中盐集团的混合所有制改革进入实质性阶段，13 家战略投资者与中盐集团达成了战略合作并正式注资中盐股份，这成为中国联通后中央企业混合所有制改革的一个新的标志性样本。

现行国有企业混合所有制改革主要有四个途径：一是通过并购重组。这其中既有国有企业收购民营企业优质资产或借壳民营上市公司重组上市，也有民营企业收购国有资产实现混合所有制改革，如东方市场收购国望高科（孙迎辰、王晓腾，2019）；二是以股权转让或增资扩股的方式，引进民营资本参股国有企业，如中国联通引入中国人寿、百度、阿里巴巴、腾讯、京东等战略投资者（张五星等，2019），云南白药引入新华都和鱼跃科技（沈红波等，2019）；三是通过由国有企业和民营企业共同出资，设立合资公司，国有资本绝对控股或实施控制，形成优势互补、共创共享的混合所有制经济发展格局（杨骞，2019）；四是采用整体上市的方式，将集团公司全部资产或绝大部分资产都并入上市公司、不留存续企业的改制方式（季晓南，2019），如中国中铁整体上市。无论是哪一种形式，都离不开资本市场的支持。健全和完善资本市场基础制度建设，充分发挥资本市场的金融中介服务作用和平台作用，对于混合所有制改革的成功具有举足轻重的意义。特别是 2020 年中国国有企业混合所有制改革基金成立，首期募集资金共计 707 亿元，总规模高达 2000 亿元，更是加速了以市场化手段促进国有企业结构调整和转型升级，协助推进国有企业混合所有制改革的进程。

2. 混合所有制改革中的主要问题

随着混合所有制改革在重点领域的央企中取得实质性推进，混合所有制改革过程中产生的问题也逐渐暴露出来：

第一，国有资本和民营资本混合的意愿问题。在进行混合所有制改革时，有些国有企业不愿意将处于充分竞争领域的优质资产或盈利性较强的核心业务板块拿出来与民营资本重组，而是在二级、三级子公司拿出一些体量不够大的项目浅表性、象征性地做做样子。这样一来，不仅没有实现混合所有制改革的实质要求，还浪费了大量的人力、物力、财力。有些国企不愿让民企成为战略投资人，而只是财务投资人，给予民企较少的话语权（王丹，2019）。相对应地，有些民营企业家也在考虑混合所有制改革后面对强势的国有资本，民营资本自身的产权利益能否得到有效保障，甚至自身的产权是否会被国有资本吞噬掉（季晓南，2019）。

第二，容错改错机制不健全的问题。由于混合所有制改革涉及企业性质、意识形态、国有资产流失等敏感性问题，再加上容错改错的机制不够健全，一些政府部门或国有企业领导人不愿承担风险，害怕被扣上"国有资产流失"的帽子，对于改革采取观望、等待甚至回避的态度。因此，往往通过多轮内部讨论、外部征求意见等方式拖延改革进程。而要建立混合所有制改革的容错改错机制，离不开科学、专业、公正、完善的第三方服务组织，如国有资产评估机构、产权交易市场、审计机构、统计机构等的有序发展，以便科学界定改革探索中出现的正常问题和故意侵吞转移国有资产的人为问题等。

第三，资本市场和金融机构对混合所有制改革支持不足的问题。我国资本市场发展还很不健全，很多基础性制度还不完善，混合所有制企业可能在治理机制、激励手段等方面设置了一些灵活条款，导致无法满足资本市场的交易规则。此外，我国的资本市场由于尚未完全开放，导致规模和承受能力还很有限，很难完全承托起国有资本上市流转的需求。甚至有些金融机构还对混合所有制改革后的企业提高融资门槛，设置更高的融资条件，因为混合所有制改革后企业的身份不再是国有企业，这对于混合所有制改革中本就资金需求量大的企业来说无疑是釜底抽薪。

第四，混合所有制改革后治理结构没有得到优化。我国民营企业的平均规模整体上来说远小于国有企业，这就造成了单个民营企业与大型国有企业进行混合时很难拿到话语权，无法撼动国有企业原来的治理结构，民营企业原本更有效的经营机制也很难在混合后的企业发挥作用，造成所谓的"形混神不混"。因此要避免"一股独大"，就要通过一定的机制设计，既有股权的相对集中，以便提高决策效率，又能形成多元股权的相互制衡，以便真正发挥多元股权的协同优势。有研究表明，42%～68%的国有资本控制人持股比例是现阶段改革实践中较为合适的目标区间（黄速建等，2021）。

第五，混合所有制改革过程中国有资产流失问题。混合所有制改革中，在国有资产的评估、股权激励的获得等过程中，都有可能出现国有资

产流失问题，必须加强监管，只是这样的监管在竞争中性规则的约束下，要把握好度，尽可能实现对不同所有制属性资本的监管中性。

四、深化推进混合所有制改革的方向和建议

新时代国有企业改革已经进入了关键行动期，"一个行动胜过一打纲领"，以竞争中性原则指导混合所有制改革的推进需要在制度完善、经营机制务实转变和深化推进分类改革等方面下真功夫，花实力气。要遵循"实质竞争中立"原则，对各类所有制企业平等对待，建立各类所有制企业平等适用的竞争规则，从关注企业的所有制属性向规范企业的竞争行为转变。政府要平衡各类所有制企业因其所有制属性获得的竞争优势和竞争劣势，既要逐步消除国有企业因所有制获得的过度竞争优势，又要尽量弥补私有企业突出的竞争劣势，为混合所有制的推进提供制度保障（卢均晓、高少丽，2019）。本书认为竞争中性原则的应用有可能成为深化混合所有制改革的关键推手。具体可以从以下几个方面进行突破：

1. 进一步细化国有企业分类改革

国有企业的改革应根据其使命和目标的不同分类进行是早已达成共识的判断（黄群慧、余菁，2013），在进行混合所有制改革时亦是如此。胡迟（2019）认为对于完全竞争类国有企业应大力鼓励发展混合所有制，通过控股或参股非公经济，放大国有资本影响力，努力发展成为国内乃至国际同行业中具备竞争力的优秀企业。对于特殊功能类国有企业，应将其处于竞争领域的业务剥离出来进行混合所有制改革，引入民间社会资本开展经营。公益类国有企业不进行混合所有制改革，反而应该加大国有资本投入力度，服务社会民生。因此，混合所有制改革的深化推进必须以细化国有企业分类为基础。

对于服务于国计民生的关键领域或具有自然垄断属性的公用事业中的

大型国有企业，在混合所有制改革过程中，要牢牢把握国有资本的终极控制权性质，竭力将大型国有企业的内外部资源优势转化为创新优势，提升其创新转化能力和效率；而对于处于竞争性环节内的小规模国有企业，要继续推进民营化进程，进一步放开甚至让渡国有控制权，通过引入非国有资本，完善公司内部治理和监督机制，强化企业内部创新动力（陈林等，2019）。孙姝等（2019）对非国有股东对于国有企业非效率投资是否具有抑制作用方面进行了实证研究，发现非国有股东参与水平对地方国有企业的非效率投资抑制作用显著，并且由于地方国企非效率投资问题突出，非国有股东进入地方国企更加容易，因此非国有股东对地方国企的改善空间更大，因此得出在推进混合所有制改革时应该加大地方国企混合所有制改革力度的建议。凌志雄、夏倍蓉（2019）以 2011~2015 年国有上市公司数据为基础，检验了混合所有制改革对国有企业投资效率的影响，发现在不同行业混合所有制改革的影响程度不同，与非管制性行业相比，混合所有制改革在管制性行业对企业的投资效率正向影响显著。这可能是由于管制性行业的特殊属性，使其更容易从国家政策中受益，预算软约束更加严重。而将非国有资本引进管制性行业，促进所有制结构的多元化，可使国有企业管理者在进行投资选择时，既受到内部非国有股东的监督，又面临外部更强的竞争压力，从而被迫对其投资体制机制进行改革。

下一阶段推进混合所有制改革，必须进一步深化国有企业分类改革。将企业的商业目标和非商业目标有效进行结构性分离是竞争中性原则的题中之义，也是深入推进混合所有制改革的重要前提。2015 年，中央出台了《关于国有企业功能界定与分类的指导意见》，提出结合不同国有企业在经济社会发展中的作用、现状和需要，根据主营业务和核心业务范围，将国有企业界定为商业类和公益类。这实际上是从行业属性的维度进行的分类，但是相对是粗线条的，要深入推进混合所有制改革应遵循竞争中性原则对国有企业进行精准分类。主要可以从两个方面进行细化：一是将公益类进一步拆分。考虑到国有企业的本质是政府职能的延伸，因此，公益类国有企业中一部分承担了公共政策实施者的功能，主要生产公共产品，还有一部分提供了通常具有天然垄断属性的重要功能产品，如军工、能源等。类似地，有学者提出可以将国有企业划分为公共政策性企业、特定功能性企业以及一般商业性企业三类。二是从单个企业层面而非集团公司层面进行分类。非常多的国有企业开展了多元化经营，涉及很多具有不同属性的领域，应进一步突出企业的主营业务，将不相关的经营领域剥离出去，然后再进行分类，真正做到精准性和针对性，使定位趋于纯净化。

2. 充分发挥混合所有制改革之后的股权治理效应

实践中，混合所有制改革是一把"双刃剑"，股权层面的"混合"并不必然带来公司治理的改善和运营效率的提升，甚至可能引致多重风险因素。现实中"重混轻改""混而不改"的现象依然存在。"混"只是手段和途径，"改"才是实质目的。通过"混"可以在资本层面实现股权多元化，通过"改"才能在企业层面建立规范的现代化治理体系和高效的市场化经营机制，从而进一步激发企业活力、提升运营效率。只有把两个层面的改革紧密结合起来，才能体现混合所有制改革的完整内涵和真正价值。只有充分发挥混合所有制改革之后的股权治理效应，才能增进国有资本配置效率、转变国有企业运作模式，进而在根本上和实质上实现"竞争中性"（王欣，2019）。

第一，保持适度集中的股权结构。股权集中度反映的是第一大股东对公司的控制能力，不同的股权集中度会产生不同的治理机制，并通过多重效应进行传导，最终影响公司绩效。当股权高度分散时，单个股东对公司的控制能力有限，分散的股东容易产生"搭便车"的行为，导致股东对经营者的有效监督不足，可能产生经营者的"败德行为"，导致公司绩效的损失。当股权高度集中、第一大股东掌握绝对控制权时，由于其他股东很难对其行为产生有效约束，使大股东谋取不正当利益的机会增加，从而对公司绩效造成不利的影响。适度集中的股权结构有利于公司绩效的提升，过于集中或者过于分散的股权结构都会对公司绩效产生负面影响。具体到中国国有企业而言，还需要遵循分类改革思路，进一步区分企业的业务类型，分类确定合理的股权结构。具体而言，对于处于充分竞争领域的商业一类国有企业，应当充分发挥市场配置资源的作用，进行国有资本相对控股或者参股形式的混合所有制改革；对于承担特定功能或处于重要领域的商业二类国有企业，宜在一定时期内继续保持国有资本的控股地位，采取分步骤、渐进式的混合所有制改革路径；对于具有多元业务结构的混合业务型国有企业，应加快推进"主辅分离""主多分离"，在混合所有制改革中根据不同的业务单元性质调整持股比例。

第二，形成有效的股权制衡关系。股权制衡度反映的是多个大股东之间的相互制约关系。当一家公司存在多个大股东共享控制权时，彼此之间就会形成一种监督和约束，产生一种相互制衡效应，能够有效避免公司决策陷入"一言堂"的困境。因此，与单一大股东控制公司相比，多个大股东控制有利于公司绩效的改善。尽管经过40多年的改革历程，国有企业"一股独大"的问题已有明显改善，但是从上市公司的股权结构比较来看，当前国有控股公司的股权集中度仍然处于较高水平。在第一大股东持股比例远远高于其他股东的情况下，如果有能够与其相互制衡的其他大股东加入，大股东制衡效应将占据主导地位。因此，当参与混合所有制改革的多个市场主体规模、实力差异悬殊时，很难改变已有的治理结构和运行机制，国有企业混合所有制改革中需要引入具有较强实力的战略投资者，由此可形成对第一大股东的监督与制衡，从而提升公司绩效。换言之，如果混合所有制改革的力度和深度不够，其他大股东无法对第一大股东产生制衡作用，就不能打破"一股独大"的格局，改革效果就会大打折扣。

第三，发挥异质股东的互补效应。股权异质性反映的是不同所有制性质的股东之间的关系。同时拥有多个大股东，并不是发挥股权制衡效应的充分条件，还取决于这些大股东的所有权性质。一般而言，不同所有制背景的股东具有各自的优势和劣势，彼此融合可以实现优势互补，发挥协同效应。异质性股东之间的混合所有制，比同质性股东之间的股权多元化，更有利于公司绩效的改善。当前推进混合所有制改革的根本目的，就是促进国有资本与非国有资本相互融合，激发各类市场主体活力，实现优势互补与协同发展。回顾我国早期的股份制改革，主要是通过国有企业之间的

股权多元化和改制为上市公司来实现的，大多数企业仍然保持国有绝对控股的股权结构，国有控股上市公司的股权集中度也维持在较高水平。而近年来推进的混合所有制改革，则更加注重不同所有制企业之间的并购重组，"混合所有"的股权结构更有助于打破国有企业理念和行为的固有模式，真正将市场化机制深深根植于企业运营当中。即使在保持国有控股地位不变的情况下，异质性股东之间的制衡作用也能够发挥更强的混合所有制改革效应。

第四，推进激励与治理并重的员工持股。理论研究和国际经验表明，与混合所有制改革同步推进员工持股，如果制度设计合理且执行到位，就能够发挥激励与治理的双重效应。从激励效应看，员工持股赋予了员工分享企业发展成果的机会，有助于增加员工收入、改善员工福利，同时这种身份转变能够增强员工的主人翁意识，更加投入到本职工作当中；从治理效应看，员工持股也是企业实现混合所有制的一种形式，在一定程度上可以改变股权结构、影响治理机制，这使员工持股也具有完善公司治理的制度效应。在实际操作中，实行员工持股应坚持以下几项原则：其一，分类推进原则。充分竞争领域的商业一类国有企业最适合推行员工持股，具备条件的商业二类国有企业可以有选择性地推行员工持股，公益类国有企业不宜推行员工持股。其二，激励相容原则。员工持股在股票价格、持有比例、持有期限、退出机制等制度设计方面，应确保员工的个人利益与企业的长远发展利益相统一，使员工追求个人利益的行为，与企业实现整体价值最大化的目标相吻合。其三，增量分享原则。混合所有制企业实行员工持股，要着眼于"分享增量利益"，而不是"瓜分存量利益"。这样，可以有效避免国有资产流失，而且更加有利于激励员工努力工作，提升企业的未来发展空间，进一步做强做优做大国有资本。

3. 深化差异化管控模式和监管方式

根据不同类别混合所有制企业的特点，选择和设计不同的管控模式，安排适用的管控力度和价值创造的方向，应用不同的管控方法和工具，推动不同企业按照自己的特点释放活力，提速发展。重点包括以下内容：

一是构建"共同而又有差别"的集团管控模式。按照管好管住与放开搞活相结合、合理有度授权放权、管控到位不越位不错位的要求，对各类混合所有制企业的管控总体上以法人治理型管控为主导，推动管控向市场化、法制化、规范化方向转变。法人治理型管控意味着国有企业集团作为出资人，对出资企业派出股权董监事，通过出资企业法人治理结构行使职能，充分体现国有股权股东的意志。在法人治理型管控的基础上，需要对国有绝对控股混合所有制企业、第一类国有相对控股混合所有制企业、第二类国有相对控股混合所有制企业、国有参股混合所有制企业分别确定授权放权模式和程度。通常来说，对于国有参股混合所有制企业，国有企业集团通常完全按照法人治理型管控予以实施，对于前三类混合所有制企业，授权放权力度将会逐步加大，呈现由相对集权走向充分放权的趋势。

二是针对不同类别企业创新差异化监管方式。对混合所有制企业的监管总体上应当按照管资本为主的要求，大力推进监管理念、监管重点、监管方式、监管导向等多方位转变，更加注重基于出资关系，更加注重国有资本整体功能，强调监管的系统性、针对性和有效性。在此基础上，需要针对国有绝对控股混合所有制企业、第一类国有相对控股混合所有制企业、第二类国有相对控股混合所有制企业、国有参股混合所有制企业实施差别化的监管。对国有绝对控股混合所有制企业的监管可以参照国有独资企业或国有独资公司开展，对两类国有相对控股混合所有制企业应以国有企业集团提交备案的混合所有制企业差异化管控清单为依据，开展有限监管，对一般国有企业的监管要求不再简单化延伸或层层分解下达，对国有参股混合所有制企业则主要由国有企业集团实施法人治理型管控，不纳入统一监管范围。

三是不断健全授权放权清单和责任清单。无论是差异化的集团管控还是差别化的监管，都不应当简单以下发文件、审批备案等行政手段予以实施，取而代之的应该是采用授权放权清单和责任清单方式。这要求国有企业集团需要结合"党的领导融入公司治理""全面落实董事会职权"等改革事项列出清单，针对下属不同类别混合所有制企业，明确哪些事项需要集团公司或国有股东决策及管理，清单之外的企业规划投资、人事管理、薪酬分配、业绩考核、外事管理、财务管理等经营管理事项由企业自主决策。授权放权清单和责任清单使针对混合所有制企业的差异化的集团管控和差别化的监管有章可循、简明高效。

参考文献

［1］Brandt L. , Rawski T. G. , China's Great Economic Transformation, Cambridge Books，2008，Vol. 64.

［2］David J. Denis, Valeriy Sibilkov, Financial Constraints, Investment, and the Value of CashHoldings, The Review of Financial Studies, January 2010, Volume 23，Issue 1.

［3］William L. M. , N. Jeffery M., From State to Market：A Survey of Empirical Studies on Privatization, Journal of Economic Literature, 2001, Volume 2，Issue 39.

［4］包炜杰、周文：《新中国 70 年来我国所有制理论发展演进与进一步研究的几个问题》，《人文杂志》2019 年第 9 期。

［5］陈林、万攀兵、许莹盈：《混合所有制企业的股权结构与创新行为——基于自然实验与断点回归的实证检验》，《管理世界》2019 年第 35 卷第 10 期。

［6］程俊杰、黄速建：《基于竞争中性的混合所有制改革：逻辑框架与推进路径》，《江海学刊》2019 年第 5 期。

［7］何瑛、杨琳：《改革开放以来国有企业混合所有制改革：历程、成效与展望》，《管理世界》2021 年第 37 卷第 7 期。

［8］胡迟：《新时代国有企业的功能定位与实现路径》，《中国国情国力》2019 年第 10 期。

［9］黄群慧：《改革开放四十年中国企业管理学的发展——情境、历程、经验与使命》，《管理世界》2018年第34卷第10期。

［10］黄群慧、余菁：《新时期的新思路：国有企业分类改革与治理》，《中国工业经济》2013年第11期。

［11］黄速建、刘美玉、张启望：《竞争性国有企业混合所有制改革模式选择及影响因素》，《山东大学学报（哲学社会科学版）》2020年第3期。

［12］黄速建、任梦、张启望：《竞争性行业混合所有制改革中国有资本控制人持股比例与企业绩效》，《经济管理》2021年第43卷第3期。

［13］黄速建、肖红军、王欣：《竞争中性视域下的国有企业改革》，《中国工业经济》2019年第6期。

［14］季晓南：《论混合所有制经济的内涵、意义及发展路径》，《北京交通大学学报（社会科学版）》2019年第18卷第4期。

［15］李政、艾尼瓦尔：《新时代"国民共进"导向的国企混合所有制改革：内涵、机制与路径》，《理论学刊》2018年第6期。

［16］凌志雄、夏倍蓉：《混合所有制改革对国有企业投资效率的影响研究——基于PSM-DID方法的实证分析》，《财会通讯》2019年第24期。

［17］刘戒骄、王德华：《新中国成立70年来所有制结构的变革与展望》，《区域经济评论》2019年第5期。

［18］卢均晓、高少丽：《实质竞争中立研究》，《价格理论与实践》2019年第6期。

［19］彭华伟、蒋琪：《"竞争中立"原则下国企混合所有制改革分类标准的创新研究》，《西藏大学学报（社会科学版）》2019年第34卷第3期。

［20］沈红波、张金清、张广婷：《国有企业混合所有制改革中的控制权安排——基于云南白药混合所有制改革的案例研究》，《管理世界》2019年第35卷第10期。

［21］施戍杰：《所有制改革40年回顾与经验总结》，《重庆理工大学

学报（社会科学）》2019 年第 33 卷第 9 期。

[22] 宋英俊：《从国家政策规制看改革开放以来国有企业改革历程》，《重庆行政》2019 年第 5 期。

[23] 孙姝、钱鹏岁、姜薇：《非国有股东对国有企业非效率投资的影响研究——基于国有上市企业的经验数据》，《华东经济管理》2019 年第 33 卷第 11 期。

[24] 孙迎辰、王晓腾：《并购重组支持国有企业混合所有制改革探析》，《经济师》2019 年第 10 期。

[25] 王丹：《推动混合所有制经济走深走实的思路与建议》，《宏观经济管理》2019 年第 9 期。

[26] 王欣：《按竞争中性原则深入推进混合所有制改革》，《经济参考报》2019 年 7 月 22 日。

[27] 卫兴华：《为什么要实行和怎样实行混合所有制经济》，《理论学习与探索》2019 年第 4 期。

[28] 项安波：《重启新一轮实质性、有力度的国企改革——纪念国企改革 40 年》，《管理世界》2018 年第 34 卷第 10 期。

[29] 杨骞：《国有企业混合所有制改革的本质》，《中华工商时报》2019 年第 9 卷第 16 期。

[30] 游咏：《新形势下推进国有企业混合所有制改革路径研究》，《法制博览》2019 年第 27 期。

[31] 张五星、孟欣、谢一丹：《非国有股东委派董事能切实提高公司价值吗——基于中国联通混合所有制改革案例研究》，《会计之友》2019 年第 17 期。

[32] 朱磊、陈曦、王春燕：《国有企业混合所有制改革对企业创新的影响》，《经济管理》2019 年第 41 卷第 11 期。

第五章
竞争中性原则与企业家精神培育

在我国，企业家精神是具有多个维度内涵的实践性概念。一方面，它有鲜明的市场经济体系的时代特征，含有一般市场经济条件下崇尚创新和国际竞争的经济价值取向，鼓励企业家追求创造性实现个人价值和企业价值的事业目标；另一方面，它要求发挥传承与发扬中华优秀传统文化的良性功能，含有爱国、诚信、社会责任这样的道德伦理价值取向，鼓励企业家将个人与企业的利益目标，并与更加广泛的社会利益相关群体，与国家、民族的共同利益统合起来予以筹谋。培育企业家精神，需要立足我国基本经济制度优势，坚持不同所有制企业公平竞争的原则，充分发挥不同所有制企业在涵养和培育不同维度的企业家精神上各自不同的能动作用。步入"两个百年"的新发展阶段后，我国需要继续培养出一批有"爱国、创新、诚信、社会责任和国际视野"的精神品质的优秀企业家，他们将承担起推动企业可持续成长、社会快速进步和国家稳定发展的时代重任。

一、企业家精神的内涵与功能

企业家精神，是企业所身处其中的时代与社会环境的产物，是诸多社会经济制度因素共同作用的结果。企业家精神的繁荣或衰退，不是单纯的经济问题，而是复杂且深刻的社会问题（余菁，2018）。考察我国企业家精神的内涵，不仅要分析其在我国发展进程中与欧美日发达国家工业化进程的历史经验中相一致的种种特征，更要深入观察其在深层次的刻着历史文化传统烙印的精神特质。只有综合考察这两个方面，我们才能正确地理解我国企业家精神的时代内涵。

1. 我国企业家精神的历史传承

中华民族是一个历史悠久的民族，几千年来积淀形成了宝贵的精神品质和优良传统，企业家精神正是对中华优秀传统文化的继承和发扬。追溯历史，儒家思想对中华民族的影响尤为深远。《礼记·大学》中所记载的"修身、齐家、治国、平天下"，实际上就是当时对企业家精神的概括，也是新时代企业家精神的雏形。其中，"修身"是对自身品性和思想的道德要求，"齐家"是实现家庭或家族和谐发展的管理能力，"治国"体现了社会责任感和爱国情怀，"平天下"凸显了"天下兴亡，匹夫有责"的历史使命感。如今，儒家商道所倡导的"家国情怀"和"责任担当"，仍然深刻影响着中国企业家群体（李晓，2020）。

在中国近代史上，面对外国经济侵略与民族危机，一批实业家满怀"实业救国"的理想和抱负，成为中国民族工业的奠基人，引领着中国民族工商业的兴起与壮大。毛泽东曾指出，"讲到中国的民族工业，有四个人不能忘记：讲到重工业，不能忘记张之洞；讲到轻工业，不能忘记张謇；讲到化学工业，不能忘记范旭东；讲到交通运输业，不能忘记卢作孚"。除这四位代表性人物外，还有简照南、范旭东、刘鸿生、穆藕初、吴羹梅、陈光甫等一批近代企业家群体，他们的经营行为和活动推动了中国现代化的进程（刘志成、吴能全，2012）。他们克服重重困难，大力倡导国货，抵制外国的经济掠夺，维护民族利益。在创办实业的同时，他们高度重视教育，出资兴办学校，促进了中华民族整体素质的提升。他们所体现出的自强自立、爱国情怀与开拓精神，是中国近代企业家精神的典型代表。

饱经风霜、百废待兴的中华人民共和国，开启了国民经济恢复与振兴之路，在此过程中，企业家精神发挥了关键性作用。在石油勘探领域，以"爱国、创业、务实、奉献"为核心的"大庆精神""铁人精神"，鼓舞着一代又一代的大庆人，激励着一代又一代的中华儿女。为国争光、为民族争气的爱国精神，自力更生、艰苦奋斗的创业精神，讲求科学、"三老四严"的求实精神，胸怀全局、为国分忧的奉献精神，一直传承至今，成为中华民族伟大精神的重要组成部分。在航空航天领域，"两弹一星"的成功研制是关系国家安全的重大战略，是中国在极其有限的条件下实现自主研发与创新的艰难探索。"两弹一星"精神是中华民族自力更生、艰苦奋斗精神的集中体现，"两弹一星"元勋们所体现出的"热爱祖国、无私奉献，自力更生、艰苦奋斗，大力协同、勇于登攀"的精神内涵，是中华民族现代化建设道路上的引路灯塔。

改革开放以来，中国确立了"以经济建设为中心"的基本路线，踏上了社会主义现代化建设的新征程，企业家精神也具有了更加丰富的内涵。伴随市场经济的浪潮，涌现出一大批优秀的企业家。他们在特定的时代背景下，为中国企业家精神做出了新的诠释。从这些企业家的身上，我们看到了许多优良的品质和独特的能力。例如，敢于第一个吃螃蟹的"冒险精神"，善于捕捉市场机会的"商业敏感"，带领企业角逐全球市场的"国际视野"，积极回馈社会的"责任意识"，等等。在中国发起"一带一路"倡议的背景下，中国企业作为市场的主体和倡议的践行者，积极参与全球市场竞争，努力提升自身国际竞争力，夯实了国家核心竞争力。当企业不断发展壮大，企业的影响也逐步扩大，企业与社会的关系日益紧密，企业家在履行核心功能的同时，也承载着更多的社会责任。无论是抗灾抢险的一线，还是脱贫攻坚的路上，抑或抗击新冠肺炎疫情的现场，企业都已经成为重要的参与主体。

2. 我国企业家精神的时代内涵

新的时代为企业发展提供了更广阔的空间，也赋予了企业家新的使命和责任，也孕育出企业家精神新的内涵和外延。2020 年 7 月，习近平总书记在企业家座谈会上指出，"企业家要带领企业战胜当前的困难，走向更辉煌的未来，就要在爱国、创新、诚信、社会责任和国际视野等方面不断提升自己，努力成为新时代构建新发展格局、建设现代化经济体系、推动高质量发展的生力军"。这五大要素从战略高度凝练出新时代中国企业家精神的内涵和要求，其中既包括道德维度，也包括经济维度和社会维度。

（1）爱国是企业家精神的信仰基因。爱国是社会主义核心价值观的基本准则，是企业家的信仰基因，属于企业家精神的道德维度。国家利益始终高于企业利益和个人利益。企业家必须坚守国家利益至上的原则，为满足自身利益而损害国家利益的行为，绝对不能容忍。企业家爱国的根本体现是经营好自己的企业，尤其是努力创建具有国际竞争力的世界一流企业，为中华民族伟大复兴奠定了坚实的微观基础。更进一步，在国家实施重大战略或者面临危机和挑战时，企业家要勇于承担国家使命和责任，奉献出自己的一份力量。

（2）创新是企业家精神的核心特质。创新是企业家精神的核心特质，是企业可持续发展的根本动力，属于企业家精神的经济维度。熊彼特（Schumpeter，1947）认为，创新是企业家精神的核心要义。无论企业家精神内涵如何丰富，创新意识一直被认为是企业家精神最核心的要素，是企业家精神的灵魂（姜付秀等，2021）。企业家是打破市场均衡的力量，这个过程就是创新的过程。创新不只包括狭义的技术创新，还包括组织创新、管理创新和商业模式创新等多个方面。在中国建设创新驱动科技强国的目标指引下，企业家的创新精神是不可或缺的关键要素。企业家要树立自主创新的决心和信心，争取拥有更多的自主知识产权；要充分发挥自身资源和能力优势，积极投身攻克关键核心技术的重大工程和项目；要以更加开放的态度和共赢的理念，主动开展跨部门、多主体的协同创新活动。

（3）诚信是企业家精神的基本道德约束。诚信是对企业家从事经营管理行为最基本的道德底线要求，属于企业家精神的道德维度。诚信是社会主义核心价值观的重要内容，诚信经营是商业伦理的核心要素。首先，企业家作为一个普通的社会公民，必须信守承诺才能得到他人的信任，从而在社会立足。其次，企业家作为一个企业的经营管理者，必须恪守诚信，遵守商业道德，才能实现企业的健康发展。通过隐瞒、欺诈等不诚信经营获取利益的方式，一定是不可持续的。当前，伴随互联网技术的快速发展和平台经济的兴起，催生了众多的新业态和新模式。短期内，由于监管体系和制度建设尚不健全，一些企业出现了利用垄断地位的寻租行为。例如，"大数据杀熟"等侵害消费者利益的行为。而企业信誉一旦遭到破坏，是很难恢复的，这种短视行为必将带来长期的损失。

（4）社会责任是企业家精神的价值创造逻辑。社会责任体现了企业家精神综合价值创造范式变革，属于企业家精神的社会维度。按照传统西方经济学的理论分析框架，企业家应当是一个理性的经济人，企业只追求单一的经济价值创造目标，企业家只需要对股东的利益负责。然而，实践却一再证明，企业与社会是不可分割的系统，两者之间相互影响、交互作用。一方面，内嵌于社会环境中的企业发展和企业家活动，必然受到社会体系内各运行主体的影响。许多企业的失败经历也表明，企业获得社会认可是长远发展的必要条件；另一方面，企业经营和企业家决策也会对利益相关方和整个社会产生或多或少的影响。企业规模越大，企业家影响力越大，这种影响和作用就越强。例如，一些企业不顾影响违规排放废水废气，造成地区生态环境的破坏，将受到当地政府和居民的惩罚和驱赶。短期来看，企业可能节约了一定治理成本，但是长期发展却受到了严重制约。因此，企业必须转变传统价值创造逻辑，努力追求经济、社会、环境综合价值的平衡。在共享经济时代，基于共享价值创造逻辑的新范式，催生出共益型企业家精神等新内涵（陈劲等，2021）。

（5）国际视野是企业家精神的国际竞争需要。国际视野是最能体现新时代特征的企业家精神内涵，属于企业家精神的经济维度。伴随40多年来的改革开放，中国融入全球化的进程不断加快。与老一代企业家相比，新一代企业家面临更加开放复杂的外部环境，总是主动或者被动地融入激烈的全球竞争中。与此同时，更深度的全球化融合也为他们拓展国际市场空间提供了难得的机遇。从新一代企业家的成长环境、教育背景和个性特质看，他们也更加乐于挑战和接纳新鲜事物，具备开放包容的精神，以及与国际社会接轨的能力。近年来，一批中国企业在国际市场崭露头角，具备了一定的国际竞争力，越来越多的企业跻身世界500强行列。但是，中国培育真正意义上的世界一流企业仍然任重而道远。激发和弘扬中国企业家精神，是世界级企业成长的首要驱动力。

3. 我国企业家精神的功能作用

2020 年 7 月，习近平总书记在企业家座谈会上指出，"市场主体是我国经济活动的主要参与者、就业机会的主要提供者、技术进步的主要推动者，在国家发展中发挥着十分重要的作用"。企业家精神作为一种稀缺的无形生产要素，对经济高质量发展、产业转型升级、社会创新创业以及实现共同富裕都发挥着关键作用。

（1）企业家精神是促进经济高质量发展的动力源。党的十九大报告指出，"我国社会主要矛盾已经转化为人民日益增长的美好生活需要和不平衡不充分的发展之间的矛盾"。高质量发展是应对社会矛盾变化的起点和重要路径。当前，中国经济正从高速增长阶段逐渐转向高质量发展阶段，经济增长方式也从粗放型向集约型转变。企业家精神具有明显的正外部性，可通过技术进步、知识溢出、资源配置等多重效应，助力经济高质量发展目标的实现（周大鹏，2020；陈欢等，2020；赵乐祥、汪春雨，2020）。首先，企业家的创新精神促进了技术进步，在传统生产要素的基础上增加了新的要素，激发出乘数效应，实现从要素驱动向创新驱动的动力机制转换。其次，企业家通常具有较高的专业素质，掌握较多的专用知识，他们在经营企业的过程中，会产生较强的知识溢出效应，在更大范围内带动生产方式的变革。最后，企业家具有较强的市场机会识别能力，作为企业要素资源配置的主导者，能够提高要素资源配置效率，促使市场供求实现动态的均衡。

（2）企业家精神是推动产业转型升级的加速器。产业转型升级是实现经济高质量发展的重要基础，也是融入全球价值链、提升国家竞争力的关键路径。从全球范围看，世界一流跨国公司正处于产业链价值链的转型与重塑时期（史丹、余菁，2021）。中国产业转型升级主要从两条路径来实现：一是传统产业借助技术创新等手段实现转型升级，二是新兴产业快速健康发展从而带动产业结构的优化。企业家精神是推动产业转型升级的重要力量。一方面，企业家所具有的创新精神，会促进生产效率的提高和效益的提升，推动技术进步、产品升级和服务改善，为加快供给侧结构性改革助力（赵乐祥、汪春雨，2020）。更进一步，在企业家创新精神驱动下，可能产生新商业模式和新业态，更好地满足社会需求甚至创造需求，从而破解供给和需求的结构性矛盾。另一方面，企业家所具备的创业精神，能够促进市场主体的增加，从而形成充分竞争的市场环境。与传统企业相比，新创企业往往具有更强的国际视野和更清晰的市场定位。近年来，涌现出一批以互联网企业为代表的天生国际化企业，他们从成立之日起就着眼全球市场，明确自身在全球产业链和价值链中的定位，成为新兴产业发展的探索者和引领者。

（3）企业家精神是引领社会创新创业的催化剂。2014 年，李克强总理首次公开发出"大众创业、万众创新"的号召，由此掀起了全社会创新创业的热潮。企业家是微观市场主体的掌舵人，创新和创业正是企业家精神的核心内涵。激发企业家精神，发挥企业家才能，有助于引领和激发全社会的创业创新创造活力。从内部视角看，企业家的创新创业精神，对企业员工产生较强的影响力和带动力，增强了员工的创新意识和探索精神，促使更多的员工投入企业创新活动，提高了企业的创新效率和创新能力（朱平利、刘娇阳，2020）。从外部视角来看，企业家的创新创业精神，对社会大众具有积极的示范效应和表率作用，感染了留学生、大学生、退伍军人等各类群体，积极投身创新创业活动，形成了良好的创新文化和社会氛围。

（4）企业家精神是实现共同富裕目标的助推者。2020 年，中国如期完成了脱贫攻坚目标，取得了全面建设小康社会的胜利。面向新的百年征程，人民群众对物质生活和精神生活有了更高的期望和要求。党的十九大提出，到 21 世纪中叶，全体人民共同富裕基本实现，这是中国特色社会主义的本质要求。在实现共同富裕的道路上，依然离不开企业家精神的助推作用。首先，具有强烈社会责任感的企业家，会积极履行企业社会责任，主动投身社会价值创造，从而促进社会和谐发展和人民生活改善。在抗击新冠肺炎疫情过程中，这一点展现得尤为突出。其次，在欠发达地区弘扬企业家精神，有助于缩小地区经济发展差距，增加经济落后地区的就业机会（何轩等，2020），提高居民收入水平，这也是实现共同富裕目标的应有之义。

二、竞争中性原则对培育企业家精神的要求

按照竞争中性原则的要求，将"公平竞争"与"企业家精神"这两方面的主题放在一起讨论时，我们需要思考的核心问题在于，从我国基本经济制度出发，培育企业家精神的实践活动，到底有什么特殊性？进一步讲，就是我国的不同所有制企业在培育企业家精神时，将会面临什么样的有差别的具体实践问题？如何才能使我国不同所有制企业培育企业家精神的实践活动，更加符合竞争中性原则的政策要求（OECD，2009，2012；丁茂中，2018；余菁，2020）？回答上述实践问题，绕不开一系列的理论问题。众所周知，企业家精神的概念来自西方市场经济发达国家，它天然地就和民营企业联系在一起。相比之下，国有企业是否同样有企业家精神，这一中国情境下的特殊性因素，对已有的企业家精神理论构成了一个挑战。国有企业领导人到底是不是企业家？国有企业到底有没有企业家精神？类似的理论问题涉及人们在认知观念上的分歧，富有各种争议。有观点认为，尽管国有企业的领导人带领企业进行企业内创业，取得了巨大的成就，但从企业家的身份与角色特征看，他们不能被称为企业家。也有观点认为，国有企业中有企业家，只不过企业家机制发挥作用的方式不同而已（李新春等，2002）。对于上述看似纷扰的问题，我们形成了以下几点认识：

第一，竞争中性原则所倡导的公平竞争的思想，有助于促进企业家精神的培育；不公平的竞争，会抑制企业家精神的培育。大量实证研究表

明，市场的公平竞争程度与企业家精神的发展，这二者之间存在正相关性，即在给定的制度安排下，竞争越不充分的市场，出现新的市场机会的可能性越小，企业家精神的发育条件往往越不充分；反之，企业家精神的发育条件越充分。

从实践需要来讲，培育企业家精神需要大力发展公平竞争的市场，建立和不断完善促进所有企业公平竞争的各种高度市场化的体制机制。在所有企业一道参与竞争的市场环境中，如果存在非经济因素的介入与干预，就有可能造成市场信号的失真，也有可能造成企业面临获取生产要素的机会大小不等与法定权益保护水平的高低不等，这些不公平的因素的出现，会阻滞市场化机制对参与竞争的所有企业的正常影响与作用，相应地，企业中的企业家精神就难以被有效地调度到最需要其发挥作用的那些领域中去。

第二，无论企业所有制属性如何，对不同企业而言，判断企业家精神的标准应该是同一的。这是由不同所有制企业都需要履行的生产功能决定的。真正的企业家，或者说有企业家精神的企业家，他们是市场经济发展的驱动力。在现实世界，也不乏企业家虽然冠有企业家之名，但不一定具有企业家精神，他们不构成推动生产力或生产性经济活动发展和社会进步的核心力量。只有有企业家精神的企业家，才能承担推动经济增长的重任。我们的经济社会发展需要的是有企业家精神的企业家，无论这些企业家来自民营企业，还是国有企业。也就是说，我国基本经济制度在微观企业层次上，可以反映为企业所有制上丰富的多样性形式，但是，无论什么样的所有制企业，在培育企业家精神的实践活动中，都处于同一起跑线上，没有特殊性可言。

我国企业发展实践中的一个国情特色是企业家普遍比较注重政商关系。企业家的一些亲朋好友在政府部门任职，这可能是他们建立政治关联的重要联系渠道。有的企业家在创业前，有在政府部门任职的工作经历。即使是在创业初期没有任何政治资源的企业家，在其拓展业务的过程中，通常也会努力寻求政治支持。对培育企业家精神而言，政商关系的作用是

"双刃剑"式的。从积极方面来看，良好的政商关系能够促进企业的经营活动，使企业豁免于不正当的政治干预或营商成本，也可以帮助企业拓展商机和加大获取关键性资源的可能性。研究表明，在市场机制欠发达的转轨经济国家，企业家可以通过发展政商关系，创造性地解决支撑交易活动所需要的要素短缺问题或弥补市场不足的缺陷。从消极方面看，异化的政商关系会使企业经营重心从生产性活动转向非生产性的寻租活动，造成扰乱市场公平竞争秩序和损害政治生态的双重恶果。例如，反腐工作中揭露出来的官商勾结事件；再如，一些企业靠政府补贴过日子，这些都属于异化的政商关系。

从长远来看，一个国家在向现代化国家和成熟市场经济体迈进的过程中，必须要学会有效地抑制消极的政商关系的负面作用，赋予企业（家）相对独立和自由的生长空间，为健康发育的企业家精神提供稳定和可信赖的制度保障。简言之，确保所有企业在企业家精神的赛道上的公平竞争，这应该是确保不同所有制企业在市场上公平竞争的一条基准线。做到这一点，我们需要格外警惕非生产性的或破坏性的企业家精神对生产性的企业家精神的挤出效应。守不住这条基准线，越来越多的企业便会将生产性资源从追求生产效率的实体经济活动转向纯粹逐利的寻租活动，此时，一个社会将会面临企业家精神衰退的重大风险。

第三，无论国有企业领导人是否可以被称作"企业家"，他们都是有可能具备企业家精神的（余菁，2018）。同民营企业一样，国有企业的性质也是企业。同样，有一大批国有企业是在市场竞争中成长壮大起来的，这些企业在市场竞争中逐步形成了自己的核心竞争力，它们在创造经济价值、创造就业机会和促进产业技术水平提升、促进经济社会发展方面，做出了各种各样的贡献。这些国有企业的贡献，同民营企业所做出的贡献一样，都有强大的企业家精神因素的驱动。只有当企业家精神在发挥作用时，企业才有可能呈现出发展的活力与繁荣气象——这一论断，既适用于民营企业，也适用于国有企业。

企业家精神既是重要的，也是稀缺的。对于国有企业而言，有两方面特点，决定了其企业家精神尤其珍贵。一方面，国有企业的人事干部管理体制，不如民营企业的那样灵活，不太适宜于培育企业家精神。不少国有企业家呼吁，要有容错机制，"为担当者担当、为负责者负责、为干事者撑腰"。显然，没有行之有效的激发企业（家）活力的配套制度安排，国有企业家精神容易处于受到抑制的状态。另一方面，国有企业面临代理链条长和预算软约束的问题，这会加大国有企业的外部人判断一个国有企业的经营活动是否符合经济价值标准的难度。这两方面因素决定了，在国有企业，企业家精神的存在必然是更加稀缺的，而且，准确识别国有企业家精神的难度更大。进一步讲，要设计适合培育国有企业家精神需要的制度安排的难度，也是明显大于民营企业的。如果国有企业制度的容错水平过低，国有企业家精神供给水平就会相应低；但如果国有企业制度的容错水平过高，打着呵护国有企业家精神的旗号的其他弊病，将会暴露出来。

在我们分析和讨论国有企业培育企业家精神的相关问题时，还要特别注意识别国有企业的"伪企业家精神"的现象。做到这一点，关键是要避免将衡量国有企业发展活力或国有企业是否具有企业家精神的标准单一化、短期化。我们可以观察到一些国有企业，虽然不怎么盈利，但特别能"折腾"，业务版图不断得到拓展。有观点认为，这个国有企业富有企业家精神，有很强的多元化的经营能力。对于这种观点，需要予以警惕。如果一个国有企业在相当长的一段时间里不盈利，其投资价值又缺乏明显的战略意义且在中长期里缺乏兑现潜力，那这个国有企业大概率在犯"预算软约束"的错误，其经营行为不过是国有企业预算软约束下的弱企业家精神或者是"内部人控制"的病态表现。也有观点认为，国有企业营利水平高了，就表明国有企业有活力、有企业家精神。这种观点是片面的。无论是国有企业，还是民营企业，都不应该唯利是举。对国有企业而言，企业家精神的培育与繁荣，尤其不能建立在行政性的垄断势力或竞争优势地位的基础上，不能以牺牲或挤占民营企业领导人企业家精神发挥作用的空间为代价，更不应该以违法违纪地摄取或侵犯公共财富为手段，我们应该创造性地将国有企业的使命、社会功能与按照市场竞争规律发展企业的要求统

合起来，使国有企业经营活动能够更好地服务于社会进步与不断满足人民日益增长的美好生活需要。

三、不同所有制企业在培育企业家精神中的作用

我国奉行公有制为主体、多种所有制经济共同发展的基本经济制度，不同所有制企业的运行机制各有特点和优劣势，在培育不同维度的新时代企业家精神上，各自发挥着不同的作用。以下结合企业家精神的五个维度，逐一探讨国有企业与民营企业相比，二者在培育企业家精神时呈现出来的不同作用与特点。

1. 爱国精神的培育

人们可能认为，从制度机制上讲，国有企业比民营企业更适合培育有爱国精神的企业家。国有企业的职责所在，决定了其组织成员对国家事业繁荣发展，应该会怀有崇高的使命感和强烈的责任感。爱国，像爱国有企业一样，应该是所有国有企业的负责人与生俱来的组织使命与任务。从实践情况看，国有企业家是否真正具有爱国精神，这取决于这位国有企业家在个人成长过程中所接受的思想教育观念。对民营企业家而言，他天然是爱自己的企业的。至于是否热爱自己的国家与民族，同样取决于这位民营企业家的个人成长经历及在此过程中所接受的思想教育观念。也就是说，爱国精神，是所有的国有企业家应该具备的精神素质，但这种精神，并不是主要靠国有企业制度机制培育起来的。

以联想与华为为例，华为是纯粹的民营企业，联想出身于中科院系统。如果放在不同所有制的企业制度谱系图上，联想显然比华为位于更接近于国有企业制度的这一端。然而，在社会大众的眼中，华为是一家与爱国精神联系得更紧密的企业，联想则被视作为一家相对不那么爱国，或者说，在企业经营行为上更加富有争议的企业。从社会舆论关于联想和华为

这两个企业的对比案例的情绪反映来看，企业的所有制性质显然不是引导人们来判断企业家是否具有爱国精神的主要因素。

在实践中，想要评判一个企业家是否具有爱国精神，是比较困难的。2021 年 10 月 11 日，万达集团王健林宣布，万达副总裁以上干部的出行座驾全部改为红旗汽车。这样的企业行为是否可以称得上是有爱国精神的行为呢？王健林是否可以因此而被称为有爱国精神的企业家呢？华为的任正非在接受访谈时说："不能说，不用华为，就是不爱国。"任正非的这句话，是否与很多人心目中的爱国精神的表现背道而驰呢？如果人们习惯于通过企业家的某一个具体行为来对这个企业家是否具有爱国精神做出简单的判定，那么，所有的企业家都可以通过类似的行为，来证明自己具有爱国精神——即使这并不一定反映他的真实意愿。

习近平总书记在企业家座谈会上的重要讲话中，将张謇、卢作孚和陈嘉庚作为优秀的爱国企业家的代表，他们都属于民营企业家，荣毅仁和王光英也是从民营企业家起步发展的。从实践层面来看，一位企业家是否具有爱国精神，主要取决于企业家本人所接受的时代性的社会观念的影响。而且，真正有爱国精神的企业家，爱国精神应该会比较持续地贯彻于他的一系列经营活动中，尤其是在面临较大的压力与挑战的特殊情境下，企业家的爱国精神这种可贵品质才会真正彰显出来。加强培育企业家的爱国精神，关键在于从小抓起，从基础抓起，夯实企业家个人成长过程中的基础教育体系中的爱国主义教育传统。

2. 创新精神的培育

人们通常认为，民营企业比国有企业更适合培育企业家的创新精神。对这一现象，有两种解释：第一，民营企业的数量远远多于国有企业的数量，因此，可以被观察到的民营企业家的数量显著多于国有企业的数量。第二，民营企业的体制机制比国有企业的体制机制更灵活，从而更适合培育企业家的创新精神。相比之下，国有企业的体制机制在制度设计上一般有更明显的行政化倾向，更侧重于约束与规范，在考核与监管方面更加偏向于墨守成规、防范风险，不利于企业的创新活动。

我们可以观察到，实践中存在着不同于上述刻板印象的两个方面的例外情况。一方面，像两弹一星、北斗导航、天宫、蛟龙、天眼等一系列重大的自主创新活动，都源于国家体制内部。这些实例表明，在非自力更生而不可为的领域，在强大的爱国主义精神与信念的引导与支撑下，在确保组织使命与文化得到有效传承和高效管理的前提下，国有企业的体制机制有可能在承担一小部分的长期性的、充满巨大不确定性的重大创新领域发挥积极作用。另一方面，近年来，混合所有制改革的推进使国有企业可以通过为企业内部的技术与管理骨干人员提供相对较灵活的激励制度，或者是吸收一些民营市场主体投资参与，引入更加灵活的体制机制，发挥好一些关键性的人力资源的创造性作用，从而可以在一部分充分竞争的新兴经济领域开展创新活动。

综合来看，创新精神作为企业家精神的核心属性，是国有企业家和民营企业家都需要具备的素质。不同企业在培育企业家的创新精神时，需要结合企业自身的业务活动规律和企业制度特性，各有侧重。像国有企业，可以更侧重于发挥其在相对成熟的领域坚持中长期持续投资的创新优势，民营企业则侧重于发挥在更加需要发挥出经济活力的竞争性领域的创新优势。

3. 诚信精神的培育

诚信精神是所有企业家应该具备的品质。在现实中，不论是国有企业家，还是民营企业家，各有所长、各有所短，各自有需要应对和解决的诚信问题。

一方面，人们普遍认为，民营企业家比国有企业家有更严重的不讲诚信的问题。对这一现象，有几种解释：第一，民营企业数量众多，可以被观察到的民营企业失信的现象，远远多于国有企业失信的数量。第二，民营企业从事着大量直接为社会大众提供产品与服务的活动，遭受人们投诉与批评的机会更多。第三，民营企业家往往是企业利润的直接受益群体，这使他们往往比国有企业家，更容易有见利忘义、坑蒙拐骗、为赚钱而不择手段的短视行为。

另一方面，有调研显示，国有企业比民营企业更不那么看重诚信问题。究其原因，民营企业不讲诚信，很可能会有生存危机；而国有企业的生存危机，往往是由企业诚信之外的其他因素决定的。这就造成国有企业也有其特有的一些类型的诚信问题。例如，近年来，部分地方国有城投公司和融资平台公司的偿债能力很差，违约风险高，在资本市场上信用水平非常低。再如，近年来，国家多个部委着力推进清理国有大企业拖欠民营企业、中小企业账款的问题。在政策作用下，这类问题非但没有明显缓解，反而有进一步加剧的迹象。而且，有的国有企业诚信经营意识非常淡薄，习惯以各种规范性制度要求和最终所有权者缺位为借口，为自身对合作伙伴、对消费者、对银行机构的不诚信行为开脱责任。

诚信精神的缺失，是当前我国完善社会主义市场经济体制进程中所面临的一个重中之重的实践难题。从近年来的实践情况看，由于公平竞争的市场环境尚没有真正形成，各类所有制类型企业的不同性质的诚信问题都没有得到很好的解决，市场运行中的矛盾与风险因素仍然在积聚，这削弱了企业之间的互信与合作。诚信问题的普遍存在，使有才能的企业家无法将其能力发挥在正确的方面，造成了大量的社会经济资源的低效错配。解决企业的诚信问题更多地需要从企业的外部制度因素入手，关键是要营造公平竞争的市场环境，确保各级政府部门对企业的政策的稳定性和一致性。

4. 社会责任观念的培育

对民营企业而言，经济责任是企业谋生存与发展的首要责任。与民营企业不同，国有企业的所有制性质决定了它们与生俱来就承担着各种非经济责任，或者说是社会责任。如何平衡好企业的经济责任与社会责任的关系，这既是一个复杂的观念问题，更是一个有很强实践性的问题。西方学者的观点是，经济责任是一个企业作为市场主体的首要的，或者说是最为重要的社会责任。按照这一理论假说，没有能力履行经济责任的企业，谈不上能很好地履行社会责任。我国遵循的是社会主义市场经济理论学说，主张企业既要讲求经济责任，也要讲求社会责任，二者不可偏废。这也就是说，那些一味履行经济责任，弃社会责任于不顾的企业，不一定是好的企业公民。

从实践中的问题来看：一方面，民营企业的问题主要在于，其经济责任往往履行得相对较好，但社会责任不一定履行得好。过去一年间，我们看到的相关政府部门对互联网平台企业的整治规范，其理论依据即在于此。这些互联网平台企业都是行业龙头企业，在履行经济责任方面，有优异表现，但互联网平台企业滥用市场支配地位获取不当得利，欺压合作伙伴、员工和同业竞争企业的利益，这就违背了大企业应该履行社会责任的要求。在这些企业不能靠自律来形成正确的社会责任观念时，就需要外部的制度规范来对企业行为施予约束。

另一方面，国有企业也可能面临经济责任和社会责任没有兼顾好的问题。长期以来，国有企业的主要问题是，国有企业的社会责任履行得相对较好，但经济责任履行得不好，会出现经营不善和严重亏损的情况。近年来，由于国资部门加强监管与考核约束，各级国有企业的经济利益导向得到了显著的强化，但这又带来了新的实践问题。国有企业动用相对于民营企业的不公平的竞争地位，为自己谋取利益的问题，在近年来正表现得越来越突出。一个突出问题是，在供给侧结构性改革中，部分国有企业掌握了上游原材料产品定价权，自身利润水平较好，但下游的民营企业却深受原材料持续上涨之苦。

在新形势下，我国不同所有制企业都需要进一步加强培育正确的经济责任观念和社会责任观念。无论是唯利是图、为谋利不择手段，还是预算软约束、不尊重经济规律，这两种极端的态度，对国有企业家和民营企业家而言，都是需要避免的错误的责任观念。

5. 国际视野的培育

在企业家精神的五个维度中，国际视野是在当前时代条件下迫切需要我国企业加强培育的一类企业家精神。加入 WTO 后，我国企业全面加快融入全球价值链、供应链和国际市场体系。过去十年，我国企业"走出去"步伐明显加快，更广泛和更深入地参与国际市场。未来一段时间，我国综合国力的提升，必然伴生一批世界级的一流企业的迅速成长（黄群慧等，2017）。唯有那些有国际视野的企业家，才能真正引领和推动上述发展远景的实现。

在培育国际视野方面，国有企业和民营企业亦各有优劣势。国有企业在规模实力方面有天然的优势，其巨大的资源优势和产业基础，都有可能构成国有企业拓展海外市场的助力。不过，由于国有企业的市场优势往往主要是依托国内市场形成的，因此，在开拓国际市场时，国有企业更容易表现出国际化经营的惰性一面。与国有企业不同，民营企业没有规模实力上的先天优势，必须依靠自己的努力在国际国内市场上进行打拼。我国有一批隐形冠军式的民营企业，它们在细分行业领域拥有很强的国际竞争力，这些民营企业的领导者在国际视野上有非常卓越的表现。从单个企业的国际化指数看，在各种规模量级上，都有一定数量的民营企业拥有了较高的国际化指数。国有企业虽然在规模体量上与同行业的跨国公司处于相接近的水平，但其运营效率水平和国际化指数往往与其规模体量水平不太相称。由此看来，民营企业的国际视野水平要相对好于国有企业。

从新冠肺炎疫情后的国内外市场运行情况看，不少国有企业在海外的投资与经营活动面临各方面因素的阻力有增无减，因此，国有企业国际化经营的总体意愿不算强烈；而部分民营企业因为受到国内经济环境下行压力和各种制约生产的制度性因素的影响，仍然在迎难而上，努力加快国际化经营的探索步伐。

四、培育企业家精神的重点方向与政策建议

企业家是国家优秀人才的代表群体，是国家社会经济全面发展的重要支撑。在一些成功企业的案例中，可以看到，优秀企业家会将自己的意识、行为和风格等印记在企业日常经营管理活动中，不仅促进了企业的持

续发展，也推动了产业转型升级，甚至会在特定领域成为创新突破的引领者。对中国而言，最理想的经济增长是由有企业家精神的国有企业和有企业家精神的民营企业来共同推动实现的，而且，两者之间应该是互相促进、相得益彰的良性互动关系。按照公平竞争原则来培育企业家精神，一方面，需要加快深化国有企业改革，以增进市场竞争充分性和拓宽国有企业发展的自由度、市场空间为努力方向，进一步培育、激发和释放国有企业领导人的生产性的企业家精神服务；另一方面，需要充分激发全社会的不同所有制企业的企业家精神，抓住机遇，化危为机，努力克服 2020 年以来的疫情反复给社会经济带来的各种负面影响，加快社会经济的快速发展。要在双循环国家战略的指导下，在国内加紧推进产业结构转型和升级，在国外稳步执行"一带一路"倡议，通过积极发掘、培育和弘扬企业家精神，努力造就一批具有企业家精神的优秀企业家，来推动企业持续成长、社会快速进步和国家稳定发展。

1. 培育企业家精神的重点方向

（1）树立价值理念。企业家与一般的普通员工不同，他们不仅是企业经营管理活动的核心，同样也代表着一个优秀群体的精神面貌。只有当一个国家拥有一批具有家国情怀的优秀企业家，才能带领企业实现做优做强做大，推动产业实现快速增长，保证国家整体实现质量更好、效益更高、竞争力更强、影响力更大的发展。可以说，这样一批人是否具有正确的价值理念，将直接对整个国家的社会、经济产生重大的影响，是事关国家繁荣、民族兴盛、人民幸福的关键所在。在今后的一段时间内，必须在培育企业家价值观方面"下大功夫，花大力气"，让这群优秀的人才拥有良好的"精、气、神"，愿意与国家、民族、社会和大众一起面对各种困难，推动实现共同服务的伟大目标，以企业发展成果服务于国家经济社会的全面发展。

（2）强化创新意识。企业不仅是经济体，也是创新主体，企业家的创新意识和创新思维在一定程度上决定着企业的创新水平，是企业获得持续创新发展、国家能够实现技术创新进步的关键所在。在以往的发展中，一些企业家已经展现出其卓越的创新精神和创新动力，但是在后疫情时代，面对全球社会经济的冲击，依然需要企业家能够继续保持创新意识，针对未来的各种新情况，在危机中寻求发展机遇，努力闯出一条新的发展道路来实现引领企业实现高质量发展。在具体内容上，需要结合企业自身特点，围绕产业链供应链来实现"查漏补缺"，大力推动企业的生产组织创新、技术创新、市场创新与产业链供应链相契合，做到上下游相协调，实现稳定发展；同时，在企业内部积极作为，围绕业务结构布局、日常运营管理、制度体系建设等重点方面加大创新力度。

（3）保持敬畏法治。当前的经济环境、市场竞争时代条件等与改革初期创业时代已经完全不一致，特别是随着社会主义市场经济各项制度体系的逐步完善，要求企业家必须需要按照新的时代要求来加强自身约束，在法律规范下合法开展各项经营活动。为此，企业家在日常经营管理活动中，需要做到"知法、懂法、守法"，时刻保持"红线意识"，遵守现代经济活动中的法治要求、契约精神、守约观念等，守法经营、诚信经营，按市场规律办事，不要急功近利，不要总希望通过投机行为、不法行为来寻求不当得利，努力成为诚信守法的表率，带动全社会道德素质和文明程度提升。尤其是国有企业企业家更要树立标杆，带头崇尚法治、敬畏法律，严格按照信用经济、法治经济要求来开展经营活动，接受各方面监督，不断提高运用法治思维和法治方式提升经营管理能力，实现国有资产保值增值。

（4）担当社会责任。在当前的时代背景下，企业家的任务不仅是能够创造合适的产品和服务来满足市场需求，而且还要成为关心社会、给予社会最大回馈的优秀群体，需要承担更多的社会责任和公益事业，使企业家精神逐渐从"独善其身"向"兼济天下"的转变，进一步充实了企业家精神的内涵。尤其是作为时代精神代表的企业家，必须超越个人对于财富的追逐和对权力的享受，追求实现更长远的价值创造与包容性增长以满足更广泛利益相关者的期望，做到对国家、民族、社会的担当。例如，在实现股东利益最大化的同时，保持国家、社会、环境、企业等多主体利益之间的平衡和协调，确保企业的战略思维反映出对环境与社会的关注，承担社会责任和推动公益事业等，例如，尤其是在疫情防控期间，企业家更要勇挑重担，在应急保供、医疗支援稳定产业链供应链等方面发挥出重要作用。

（5）拓展国际视野。国际化发展不比国内发展，必然会遇到各种与以往发展中所未曾出现的各种问题和障碍，甚至会造成相当的损失，给企业经营带来负面影响。但是，企业还是要继续坚定走国际发展道路，以全球视野和宽广胸怀谋划企业发展，了解国际市场，及时调整产业布局和全球资源配置，能够将世界范围内一切优秀的管理思维、经验都进行借鉴，致力于做好独具特色的国际化产品。企业家必须在提高把握国际市场动向和需求特点的能力、提高把握国际规则的能力、提高国际市场开拓的能力、提高防范国际市场风险的能力，在国际市场竞争中提升企业的国际化品牌和影响力，带动企业在更高水平对外开放中实现更好发展，产生出越来越多世界一流企业。

2. 政策建议

企业家精神的产生、培育和发展，既需要外部宏观经济因素的影响，也需要源于个体自身因素的驱动。改革开放为我国企业家精神的涌现提供了时代机遇。当前，随着改革开放在新时代、新形势下的进一步深入发展，加上全球经济体系的变革加剧，未来，我们更加需要企业家精神来作为经济社会进步的重要支撑要素和发挥出更大的作用。

（1）培养爱国情怀。如今的社会公众对企业家存在很大的期待，希望能够涌现出大批具有企业家精神的优秀企业家来带动企业快速发展，解决社会就业，推动技术进步等。新时代的企业家被提出了更高的要求，被赋予了更大的时代责任，他们必须注重更多价值的追求和满足。为此，从国家到政府，再到社会，都需要塑造出尊重企业家、认同企业家和支持企业家的氛围，除了为企业创造出良好的发展环境，还要重点加强对企业家的爱国主义教育，指导企业家树立正确的责任意识，重塑企业家精神来践行认识价值观，使新时代的企业家精神成为能够带领实现中国梦的强力推动器，成为时代的新榜样。

（2）放宽身份约束。当前我国企业在总体上已经同市场经济相融合，运行质量和效益明显提升，随着制度体系建设的逐步完善，虽然从企业所有制性质来看，还存在民营企业和国有企业的差别，但是无论是国有企业的企业家，还是民营企业的企业家，都是中国特色社会主义社会经济发展的重要宝贵人才。在企业家精神培育方面必须突破现有经济体制的约束，做到针对国有企业企业家和民营企业企业家一视同仁，不能区别对待。对于国有企业企业家，既要让他们必须兼具政治责任、经济责任和社会责任，也要让他们放下心理包袱，具有创业精神和创新精神，如此才能将深化改革工作抓到细处和落到实处。对于民营企业，需要出台具体政策来支持其放开手脚，努力创新，不要有后顾之忧，努力成为中国特色社会主义的重要支柱。

（3）优化营商环境。为了鼓励和培养企业家精神，在当前的社会中必须形成培育鼓励创新、容忍失败的制度环境、文化环境和金融环境等促进创新迸发的宽松的外部环境，营造出"安心经营、放心发展、用心创新"的企业家成长和发展环境。尤其是完善产权保护，如此才能有力激发企业家精神，促进企业家精神培育、传播和发展。为此，在国家层面需要进一步完善法律制度体系建设，健全以公平为核心原则的各项法律制度，加快政府职能转变，形成服务意识，理顺产权关系，使财产所有权和法人财产权分离，保证企业在良好的氛围中实现快速成长，切实维护企业家合法权益，提升中国经济的创业活力和企业家精神。

（4）鼓励二次创业。虽然创业属于企业成长历程中的一个环节，但是创业活动的结束并不意味着创业精神的消失和减弱。面对当前疫情的冲击和国家经济环境的变革，很多企业都遇到了一些发展上的问题，需要实现浴火重生。一些企业面临业务拓展、战略转型等重大关键时点，也经常会提出"二次创业"的新发展目标，这就要求企业家不能躺在以往的功劳簿上享受，而是需要继续保持创业精神，带动企业进入新的发展阶段，重塑和提升企业市场竞争力。同时，在社会层面，需要多组织公益活动，通过经验分享、组织学习等来加强创业教育，培养更多的具有企业家精神的创业创新人才，增加企业家这种稀缺资源的供给数量。

（5）对接国际市场。未来的中国会继续打开国门，中国企业的"走出去"步伐也会明显加快，更广更深参与国际市场开拓，与世界优秀企业一道推动全球产业链、供应链的稳定发展。尤其是面对经济全球化遭遇逆流，经济贸易摩擦加剧，国际市场受疫情严重冲击的现实情形，企业家更需要基于要素成本、贸易环境、制度环境等方面的综合考虑，将国外的先进技术引入国内来促进产业转型升级，提升企业发展实力。为此，相关部门要积极主动帮助企业家及时了解国外各种信息需求，帮助企业加强国际产能合作，以及"走出去"进入国际市场寻求发展机会，为实现国际国内双循环提供有力支撑。

参考文献

［1］ J. A. Schumpeter., The Creative Response in Economic History. Journal of Economic History, 1947, Vol. 7, No. 2.

［2］ OECD, Competitive Neutrality：Maintaining a Level Playing Field between Public and Private Business, 2012, OECD Publishing.

［3］ OECD, State‐Owned Enterprises and the Principle of Competitive Neutrality, 2009, OECD Publishing.

［4］陈欢、庄尚文、周密：《企业家精神与经济高质量发展——基于需求结构转变视角》，《云南财经大学学报》2020 年第 8 期。

［5］陈劲、阳镇、尹西明：《共益型企业家精神视角下可持续共享价值创造的逻辑与实现》，《社会科学辑刊》2021 年第 5 期。

［6］丁茂中：《竞争中立政策研究》，法律出版社 2018 年版。

［7］何轩、袁媛、唐静：《企业家精神配置与民营企业吸纳就业能力

的影响机制研究》，《管理评论》2020 年第 4 期。

［8］黄群慧、余菁、王涛：《培育世界一流企业：国际经验与中国情境》，《中国工业经济》2017 年第 11 期。

［9］姜付秀、王莹、李欣哲：《论国有企业的企业家精神》，《中国人民大学学报》2021 年第 5 期。

［10］李晓：《新时代中国企业家精神：特点与培育》，《人民论坛》2020 年第 32 期。

［11］李新春等：《企业家精神、企业家能力与企业成长——"企业家理论与企业成长国际研讨会"综述》，《经济研究》2002 年第 1 期。

［12］刘志成、吴能全：《中国企业家行为过程研究——来自近代中国企业家的考察》，《管理世界》2012 年第 6 期。

［13］史丹、余菁：《全球价值链重构与跨国公司战略分化——基于全球化转向的探讨》，《经济管理》2021 年第 2 期。

［14］余菁：《竞争中性原则的政策应用》，《求是学刊》2020 年第 2 期。

［15］余菁：《企业家精神的涌现：40 年的中国实践历程回顾与未来展望》，《经济体制改革》2018 年第 4 期。

［16］赵乐祥、汪春雨：《新时代企业家精神的内涵、作用与环境培育》，《广西社会科学》2020 年第 12 期。

［17］周大鹏：《企业家精神与中国经济的熊彼特型增长转型》，《学术月刊》2020 年第 7 期。

［18］朱平利、刘娇阳：《近朱者赤：上级企业家精神对员工创新行为的影响研究》，《技术经济》2020 年第 6 期。

第六章

竞争中性原则与职业经理人制度

21世纪初，职业经理人制度开始在我国得到应用与发展。国有企业和民营企业几乎是在同一时期考虑推行职业经理人制度，但表现出了截然不同的实践特点。民营企业职业经理人制度兴起早，热度上升较快，但在后面的实践中渐渐趋于沉寂。相比之下，国有企业职业经理人制度则处于慢热状态，并在近年间呈现为逐步升温的发展趋势。目前，建立和完善国有企业职业经理人制度，被视作为新时代国有企业深化改革与加快发展的新要求，是确保国有企业参与市场公平竞争的一项非常重要的改革举措。党的十八届三中全会提出："要建立职业经理人制度。"2016年2月，国务院国资委确定的国有企业"十项改革试点"工作中，含有"推行职业经理人制度"这项试点内容。培育和打造符合现代企业制度建设要求的国有企业职业经理人队伍，已经成为提高国有企业的经营管理水平和国际竞争力的一项重要举措。本章所指的职业经理人制度，主要是指国有企业职业经理人制度。

一、职业经理人制度的演进源流

持续探索和推进职业经理人制度建设，是国有企业构建中国特色现代企业制度与建立市场化经营机制的重要内容，是国有企业实现从计划经济体制下的行政管理体制机制向市场化的现代公司治理体制机制转变的关键环节。伴随我国经济体制改革和国有企业改革的不断深化，国有企业职业经理人制度的政策体系日趋发展成熟。

1. 国有企业探索职业经理人制度的演进历程

对于国有企业而言，职业经理人制度并不是一个全新的概念。实际上，早在改革开放初期，国有企业尝试推行的"厂长（经理）负责制"改革，可以视为职业经理人制度最早的雏形。此后，在40余年国有企业改革历程中，始终在不断探索与完善这项制度。它与我国国有企业领导体制改革紧密关联，也是构建中国特色现代企业制度的重要组成部分。从制度演化视角看，党的十八届三中全会以来，国有企业职业经理人制度的政策体系才逐步开始形成，而在此之前，有三个重要的制度演进的准备阶段。

首先，从1978年启动改革开放到1992年确立社会主义市场经济体制。1978年的改革开放，我国经济体制开始从计划经济向社会主义市场经济转变。为激发企业活力，这个阶段的改革以扩大企业自主权为核心内容，1979年、1984年分别发布了《关于扩大国营企业经营管理自主权的若干规定》和《关于进一步扩大国营工业企业自主权的暂行规定》等相关文件，开展了多个批次的扩大企业自主权试点工作，并逐渐推广至全国范围，确立了企业的市场主体地位。在赋予企业生产经营计划、人事劳动管理、工资奖金等方面自主权的同时，国有企业的领导体制也相应发生了转变，从党政领导下的负责制逐步转化为厂长（经理）负责制（吕政、黄速建，2008），成为现代职业经理人制度的雏形。尽管厂长（经理）的重要地位得到认可，也能够行使一定的管理职权，但是这一时期的国有企业厂长（经理）并没有真正成为高度职业化和专业化的管理人员，而更多体现的是一种职务角色与身份。

其次，从1992年确立社会主义市场经济体制到2003年国务院国资委成立之前。1992年，我国确立经济体制改革的目标是建立社会主义市场经济体制。针对当时国有企业改革与发展中存在的问题，提出建立"产权明晰、权责明确、政企分开、管理科学"的现代企业制度。1993年，我国颁布了《中华人民共和国公司法》，为公司化改制和现代企业制度建设提供了法律依据。伴随改革的不断深化，我国国有企业的治理模式逐渐从行政型治理向公司制转变，治理结构也从党委会、厂长（经理）、职工代表大会分头负责的横向分权模式，转变成股东会、董事会、经理层和监事会相互制约的纵向授权模式（吕政、黄速建，2008）。2001年，国家经贸委、人事部、劳动和社会保障部三部门下发的《关于深化国有企业内部人事、劳动、分配制度改革的意见》提出："建立企业管理人员能上能下、职工能进能出、收入能增能减的机制；除少数应由出资人管理和应由法定程序产生或更换的企业领导人员外，对所有管理人员都应实行公开竞争、择优聘用。要坚决打破干部和工人的身份界限，变过去的身份管理为岗位管理。"该制度文件，明确了国有企业要按照市场化原则选聘管理人员。尽管国有企业领导人制度向市场化方向转变，但是在国有企业内部，由于各方面配套改革尚不完善，国有企业领导体制的行政化色彩依然比较浓郁，内部人控制与管理效率损失等问题仍然比较普遍。

最后，从2003年国务院国资委成立到2012年党的十八大召开。2003年，国务院国资委正式成立，标志着我国国有资产管理体制的重大变革。在新的国有资产管理体制下，由国资委统一行使国有企业出资人的职责，促使政府与企业职能相分离，国有企业的行政化特征进一步削弱。在此背景下，国有企业按照现代企业制度的要求，规范了公司股东会、董事会、监事会和经营管理者的权责，进一步完善了企业领导人的聘任制度，积极探索了市场化选聘企业经营管理者的机制。2003年召开的中央人才工作决定指出："要以推进企业经营管理者市场化、职业化为重点，坚持市场配置、组织选拔和依法管理相结合，改革和完善国有企业经营管理人才选拔任用方式。"这是我国首次将职业经理人队伍的建设提升到了国家重大战略的高度（白殿忠，2014）。在此背景下，国有企业经营管理者开始向市场化、职业化方向发展（张白鸽，2009）。2004年开始，国务院国资委启动国有独资企业董事会试点工作，包括建立外部董事制度、实现决策层和执行层分开、董事长与总经理分设，以及建立国有企业外派监事会制度等内容。上述制度建设工作，为随后一段时期国有企业职业经理人制度正式走向国有企业公司治理改革实践的中心地带，起到了重要的准备与铺垫作用。

党的十八届三中全会明确提出："要建立职业经理人制度。"2014年，按照全面深化改革的总体部署，国资监管部门遵循"党组织推荐、董事会选择、市场化选聘、契约化管理"的思路，在部分中央企业和地方国有企业开展了市场化选聘和管理经营管理者试点工作，在探索职业经理人市场化选聘、任期制和退出机制、契约化管理和差异化薪酬等方面取得了初步成效。2016年2月，国务院国资委确定的国有企业"十项改革试点"工作中，就含有"推行职业经理人制度"这项试点内容。党的十九届四中全会明确提出："深化国有企业改革，完善中国特色现代企业制度。"国有企业积极探索在完善公司治理中加强党的领导，如何在坚持中国特色的同时更好发挥职业经理人制度的作用。经过40余年的改革，我国国有企业已经从传统的计划经济体制下的附属物，逐步向市场经济体制下的现代企业转变（黄群慧，2018）。建立规范的职业经理人制度，已经成为国有企业向现代企业转变的核心特征之一。伴随着我国对外开放的持续深化和国有企业国际化发展的步伐不断加快，在建设世界一流企业的目标指引下，国有企业职业经理人制度将进一步得到完善与发展。

2. 党的十八大以来国有企业职业经理人政策体系的形成

党的十八大以来，党中央、国务院高度重视全面深化国有企业改革，从新时期背景和国有企业发展实际出发，做出系统的战略部署，加强改革的顶层设计。近年来，基于纲领性文件《关于深化国有企业改革的指导意见》，逐步构建起以"1+N"政策体系为核心的国有企业改革顶层设计方案。其中，探索推行职业经理人制度是推进国有资本国企改革的一项重要内容，到目前为止，已经初步形成了一个系统化的制度框架（见图6-1）。

如图6-1所示，国有企业职业经理人制度的政策体系主要由以下几个部分构成：

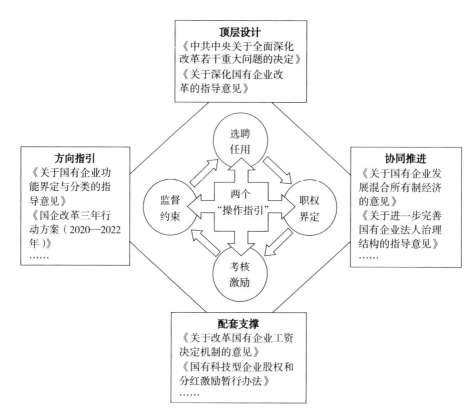

图 6-1　国有企业职业经理人制度的政策体系总体框架

资料来源：笔者绘制。

　　一是顶层设计类的政策文件。新时期国有企业改革政策体系强化了顶层制度设计，是推进各项改革必须遵循的总体纲领。2013 年 11 月，党的十八届三中全会审议通过《中共中央关于全面深化改革若干重大问题的决定》，其中明确提出："健全协调运转、有效制衡的公司法人治理结构。建立职业经理人制度，更好发挥企业家作用。"2015 年 9 月，中共中央、国务院发布《关于深化国有企业改革的指导意见》，成为新时期深化国有企业改革的纲领性文件，其中特别强调："推行职业经理人制度，实行内部培养和外部引进相结合，畅通现有经营管理者与职业经理人身份转换通道，董事会按市场化方式选聘和管理职业经理人，合理增加市场化选聘比例，加快建立退出机制。推行企业经理层成员任期制和契约化管理，明确责任、权利、义务，严格任期管理和目标考核。"

二是方向指引类的政策文件。在顶层设计框架下，还有一部分政策并不是针对具体任务的，但是具有指引各项改革的总体方向和实现路径的功能。例如，2015 年发布的《关于国有企业功能界定与分类的指导意见》，明确了国有企业分类改革的总体思路。文件提出分类实施监管和分类定责考核，对主业处于充分竞争行业和领域的商业类国有企业，落实和维护董事会依法行使重大决策、选人用人、薪酬分配等权利，保障经理层经营自主权，积极推行职业经理人制度，重点考核经营业绩指标、国有资产保值增值和市场竞争能力。再如，为推进国企改革"1+N"政策体系落到实处，制定了《国企改革三年行动方案（2020—2022 年）》。其中一项重点任务就是，健全市场化经营机制。文件明确提出：推行经理层成员任期制和契约化管理，签订聘任协议和业绩合同，按照约定严格考核、实施聘任或解聘、兑现薪酬；灵活开展多种方式的中长期激励，强化业绩考核和激励水平"双对标"，实现激励与约束相统一；保障经理层依法行权履职，充分发挥经理层经营管理作用。

三是协同推进类的政策文件。注重各项改革任务的协同性和相关制度设计的系统性，是新时期国有企业改革政策体系的特征之一。推行职业经理人制度，与完善国有企业法人治理结构、发展混合所有制经济等多项改革紧密相关。2015 年 9 月，国务院发布《关于国有企业发展混合所有制经济的意见》，提出在分层分类推进国有企业混合所有制改革的过程中，推行混合所有制企业职业经理人制度。文件要求，按照现代企业制度要求，建立市场导向的选人用人和激励约束机制，通过市场化方式选聘职业经理人依法负责企业经营管理，畅通现有经营管理者与职业经理人的身份转换通道。职业经理人实行任期制和契约化管理，按照市场化原则决定薪酬，可以采取多种方式探索中长期激励机制。严格职业经理人任期管理和绩效考核，加快建立退出机制。2017 年 4 月，国务院办公厅印发《关于进一步完善国有企业法人治理结构的指导意见》，强调进一步健全各司其职、各负其责、协调运转、有效制衡的国有企业法人治理结构，维护经营自主权，激发经理层活力。文件明确指出，经理层是公司的执行机构，依法由董事会聘任或解聘，接受董事会管理和监事会监督。同时要求，建立规范的经理层授权管理制度，对经理层成员实行与选任方式相匹配、与企业功能性质相适应、与经营业绩相挂钩的差异化薪酬分配制度，国有独资公司经理层逐步实行任期制和契约化管理。

四是配套支撑类的政策文件。推行职业经理人制度，需要收入分配机制、中长期激励机制、授权放权机制等一系列政策做支撑，否则将无法真正落地。在以往的实践中，工资总额限制成为改革的主要障碍之一。为此，2018 年 5 月，国务院发布《关于改革国有企业工资决定机制的意见》，提出"改革工资总额确定办法，完善工资与效益联动机制，分类确定工资效益联动指标"。此后发布的《中央企业工资总额管理办法》和《中央企业负责人经营业绩考核办法》又进一步细化了相关制度安排。2019 年发布的《国务院关于印发改革国有资本授权经营体制方案的通知》和《国务院国资委授权放权清单（2019 年版）》，为职业经理人有效行使职权提供了政策依据。文件指出，授权国有资本投资、运营公司董事会负责经理层选聘、业绩考核和薪酬管理（不含中管企业），积极探索董事会通过差额方式选聘经理层成员，推行职业经理人制度，对市场化选聘的职业经理人实行市场化薪酬分配制度，完善中长期激励机制。此外，《国有科技型企业股权和分红激励暂行办法》《中央企业控股上市公司实施股权激励工作指引》等政策文件，为优化职业经理人中长期激励机制提供了可应用的工具。

五是操作指引类的政策文件。在具体操作层面，围绕职业经理人制度的建立与完善，也陆续出台了一系列的政策文件，覆盖了选聘任用、职权界定、考核激励、监督约束等管理全过程，形成一个持续改进的闭环体系。其中，为引导国有企业规范、有序落实职业经理人制度，2020 年 1 月，国务院国有企业改革领导小组办公室印发《关于印发〈"双百企业"推行经理层成员任期制和契约化管理操作指引〉和〈"双百企业"推行职业经理人制度操作指引〉的通知》。这两个文件是推动职业经理人制度落地执行的关键，为国有企业构建职业经理人制度提供了规范且详细的指引，也针对试点过程中遇到的现实问题做出了明确的回应。两个"操作指引"明确了经理层成员任期制和契约化管理、职业经理人的基本概念和实施范围，厘清了"双百企业"控股股东及党组织、本企业党组织和董事会等治理主体在相关工作中的职责；明确了"双百企业"推行经理层成员任期制和契约化管理、推行职业经理人制度一般应遵循的操作流程，主要包括制定方案、履行决策审批程序、签订契约、开展考核、结果应用等，并对每个流程的主要内容进行了解释说明；明确了任期制管理、契约化管理两个环节和市场化选聘、契约化管理、差异化薪酬、市场化退出四个环节的操作要点；明确了严格任期、履职监督、责任追究等方面的具体操作要点。

二、竞争中性原则对职业经理人制度实践的要求

职业经理人概念在我国出现得较晚。基本是 21 世纪以来的企业实践问题。我国职业经理人的制度实践，可谓是对民营企业与国有企业一视同仁的。无论是民营企业，还是国有企业，有效的职业经理人制度都有利于将企业引导向充分竞争与公平竞争的市场化运营的轨道上去。因此，国有企业职业经理人制度，被视为确保国有企业按照竞争中性原则要求（OECD，2009，2012），加快融入现代市场经济的一项重要改革举措。据统计，目前按照相关制度与职业经理人签订契约合同的国有企业，签约的职业经理人数量占国有企业相应的干部数量比例应该在 5% 左右。结合国有企业分类改革的情况来看，商业一类国有企业建立职业经理人制度的比例超过50%，是推行此项改革的重要主体；商业二类国有企业只有 1/3 左右推行了职业经理人制度；公益类国有企业很少试点职业经理人制度。总体看

来，此项改革仍然处于探索阶段，未来任重道远。按照市场化改革与公平竞争的要求，从这些年来的国有企业职业经理人制度实践的探索与积累中，尤其是党的十八大以来的改革试点实践中，我们可以总结一些经验和规律，用作为未来企业制度实践的指导性原则。

第一，遵循分层分类深化国企改革的总体思路，尊重企业在功能定位、行业特征、产权结构、组织层级等方面的差异性。坚持分层分类改革，是新时期深化国有企业改革的总体思路，贯穿于各个领域的改革之中。就建立职业经理人制度而言，国有企业的功能定位、行业特征、产权结构、组织层级等多重因素，都会对制度设计、实施和效果产生不同程度的影响，必须充分考虑企业在这些方面的差异性，健全分层分类推进改革的体制机制。在政策层面，职业经理人制度体系始终坚持分层分类的改革思路。2015 年，中共中央、国务院发布的《关于深化国有企业改革的指导意见》提出，建立国有企业领导人员分类分层管理制度，根据不同企业类别和层级，实行选任制、委任制、聘任制等不同选人用人方式。2017 年 4 月，国务院办公厅印发《关于进一步完善国有企业法人治理结构的指导意见》强调，根据企业产权结构、市场化程度等不同情况，有序推进职业经理人制度建设，逐步扩大职业经理人队伍，有序实行市场化薪酬，探索完善中长期激励机制，研究出台相关指导意见。《国企改革三年行动计划（2020—2022 年）》也指出，优先支持商业类子企业按照市场化选聘、契约化管理、差异化薪酬、市场化退出原则，加快推行职业经理人制度。在实践层面，竞争性领域中市场化程度较高的国有企业、国有企业新设的子公司或新兴业务板块、实施混合所有制改革的国有企业，成为职业经理人制度先行先试的主要群体，也体现了分层分类改革的内在要求。

第二，保持中国特色与国际规则之间的平衡，在坚持党对国有企业领导的前提下，充分借鉴世界一流企业的先进经验。职业经理人制度最早发源于西方国家，是市场经济条件下的一项制度安排，是在专业化分工和现代科学管理的背景下应运而生的。我国提出建设职业经理人制度，并不是简单复制西方国家的"舶来品"，而是内嵌于社会主义市场经济体制和中国特色现代企业制度框架下的创新与发展，必须保持中国特色与国际规则之间的兼容与平衡。因此，在推进改革过程中，必须始终坚持党对国有企业的领导，这是"中国特色"的核心体现。在试点工作中，试点企业坚持党对国有企业的领导，把握好董事会与党委的关系，坚持党管干部原则与市场化选聘相结合，在探索推行职业经理人制度过程中，以多种形式确保了党组织的政治核心作用的充分发挥。新兴际华在开展试点工作中，按照党管干部原则，国资委党委、新兴际华党委和相关企业党委在选聘中，从不同角度重点把了方案关、人选关和程序关，做到了"管原则、管标准、管程序、管纪律"，实现了选聘过程中，企业党委、纪委全过程参与和定向把关，保证了选聘程序的严谨、合规。党的十九大提出培育具有全球竞争力的世界一流企业的改革目标，在坚持党的领导前提下，国有企业积极对标世界一流企业，提升治理水平和管理能力，探索中国特色与国际规则之间的平衡。万华化学规范建立具有世界一流企业特征和中国特色的现代企业制度，坚持把党委会研究讨论作为董事会决策重大问题的前置程序，充分发挥党组织在企业管理决策中的引领把关作用。与此同时，划分各治理主体权责界限，实现经理层成员选聘权、业绩考核权、薪酬分配权等"应放尽放"，确保董事会、管理层能够按照法人治理的规定程序自主决策。

第三，确保改革全过程公平公正、公开透明，提高职业经理人选聘、考核等关键环节的市场化程度、科学性和规范性。国有企业在探索推行职业经理人制度时，始终坚持公平公正、公开透明的基本原则，确保职业经理人竞聘、考核、激励等各项工作的流程规范，逐步形成符合自身特点的规范化制度体系，同时加强对考核指标体系、薪酬方案设计等方面的研究，确保职业经理人制度实施过程中的科学性。中煤集团面向社会公开招聘职业经理人，现场测评环节按照"市场化、专业化、职业化"原则，由集团领导、部门负责人、组织人事部门相关人员、职工代表及外部机构人员组成评委组，多方立体参与，确保评分更加科学公正合理（中煤集团，2021）。中国绿发组织开展了总部中层管理人员及部分单位主要负责人选拔竞聘，由全体领导班子成员担任评委组成员，并邀请中智咨询顾问公司担任外部专家评委。在启动竞聘前，中国绿发充分研究论证，系统完成了"一揽子"的市场化改革顶层设计，并就管控模式、指标考核体系进行了大量的、多次的研究讨论，对各项方案严格履行决策程序。竞聘结束后，所有竞聘上岗人员均进行了公示，公示结束后将组织竞聘人员签订岗位协议书、年度考核责任书、任期考核责任书，正式实施任期制和契约化考核管理（中国绿发，2021）。中国船舶集团全面推进成员单位经理层成员任期制和契约化管理工作，进行了一系列顶层设计和落地实践。尤其是2021年以来，在总结部分试点单位推行经理层成员任期制和契约化管理工作经验的基础上，中国船舶集团先后制定印发了《成员单位经理层成员任期制和契约化管理工作方案的通知》《推进成员单位经理层成员任期制和契约化管理工作指南》《关于加大力度高质量推进经理层成员任期制和契约化管理有关事项的通知》，为全面推行经理层成员任期制和契约化管理奠定了制度基础。截至2021年10月底，中国船舶集团78%的子企业已完成任期制和契约化管理工作，签署了岗位聘任协议和经营业绩责任书（中国船舶集团，2021）。

第四，坚持制度建设与企业改革实践紧密结合，在循序渐进的创新探索中不断总结和持续改进。理论与实践相结合，试点先行先试，是我国40多年国有企业改革的宝贵经验。职业经理人是企业最重要的执行主体，职业经理人制度具有很强的实践性。建设和完善职业经理人制度，只有政策层面的支持是远远不够的，必须坚持制度建设与企业实践相结合，在不断的创新和探索中总结经验、持续改进。在构建职业经理人制度体系的同时，为使职业经理人制度发挥实效，我国开展了多个批次的试点工作。自2012年以来，伴随国企改革"1+N"政策体系的建立，国有企业"十项改革试点"梯次展开，探索形成了一大批改革经验。2014年，国务院国资委确定宝钢集团、新兴际华、中国节能、国药集团四家中央企业作为首批市场化选聘和管理经营管理者试点企业，开展董事会行使高级管理人员选聘、业绩考核和薪酬管理职权试点工作。中国建材、中粮集团、中国通号等中央企业，以及上海、山东、天津等地方国有企业，也纷纷结合企业自身发展实际，在推动市场化选聘和管理经营管理者以及推行职业经理人制度等方面进行了有益的尝试。2018 年，国企改革"双百行动"正式启动，上百家中央和地方"双百企业"大胆探索、锐意创新，在健全市场化经营机制和激励约束机制、推进经理层成员的任期制和契约化管理等方面形成了丰富的经验，可以为其他国有企业提供有益的借鉴。北新建材推行职业经理人制度，全面启动市场化选人用人机制改革，实施"全体起立、全员竞聘"机制，并且不设年龄、资历、学历、职级的门槛，竞聘范围逐步从部门正职以下到部门正职，再扩大到领导班子成员。中车株洲所对中层及以上领导人员全部进行了任期制管理和年度考核管理，实现强激励、硬约束和严考核，同时将薪酬结构中浮动薪资比例设定到 60% 以上，构建了职业经理人年度考核的 360 度评价模式，实行强制排序和三个等级的差异化薪酬，排名末位的职业经理人被强制退出。截至 2019 年底，半数以上"双百企业"实现经理层任期制和契约化管理各层级全覆盖，80% 以上的"双百企业"实现绩效考核 100% 全覆盖，经理层成员之间收入差距倍数差距达到 1.65 倍，且呈现出逐渐加大趋势，在建立和完善职业经理人制度方面，发挥了很好的示范引领作用。

三、国有企业职业经理人制度运行中的突出问题

国有企业职业经理人制度建设，已成为全面深化国资国企改革的诸多工作部署中的重要一环，与国有企业深化改革整个进程有紧密的联系。有关国有企业建立职业经理人制度的改革部署，明确了国有企业要从传统的行政化干部管理体制向市场化的方向迈进。由于国有企业深化改革的其他各项任务仍在推进过程中，国有企业职业经理人制度建设相应地仍会较长时期地处在动态优化的相对漫长的实践探索中，一时之间难以完全到位，

仍然存在诸多方面的不完善的问题。

从公平竞争的视角来分析,国有企业职业经理人制度实践中存在两类表现得非常突出的问题:一是国有企业职业经理人在调动企业活力与提高业绩上的作用不显著,没有达到预期的制度建设效果的问题;二是国有企业职业经理人群体反映较多的,缺乏发挥应有作用的体制机制问题。事实上,不对企业活力与业绩负责的职业经理人,谈不上是真正参与市场竞争的职业经理人。国有企业即使拥有这样的职业经理人,他们也是名不副实的和被束缚住了手脚的经理人,难以引导国有企业真正融入公平竞争的市场体系,无法对国有企业的竞争绩效承担完全的经营责任。我们将探讨国有企业职业经理人制度在不同类型企业改革实践中的高度分化的现象,即不同层级、不同地区、不同规模、不同行业的国有企业对职业经理人制度的认知与执行上存在的较大差异。国有企业职业经理人制度建设的各种实践问题的症结在于是否充分坚持国有企业的市场化改革方向,这直接关系到国有企业是不是参与公平竞争的市场主体这一核心问题。

1. 国有企业职业经理人调动企业活力与提高业绩的作用不显著

职业经理人,在我国最早被提出来时也被称作"职业企业家"。这个概念,意指一个职业化的企业经营管理者群体或阶层(辜胜阻,1994),职业企业家靠成功经营管理企业的特殊劳动,以此来取得合法收入(丁志和,1992)。在西方企业管理界,理想的职业经理人制度指的是从职业经理人市场中,公开选聘职业经理人。来自竞争市场的职业经理人通常具备调动企业活力和提高企业业绩的必要的经营管理能力。

然而,在我国国有企业的改革实践中,职业经理人选拔任用的市场化程度相对比较低。几乎没有哪一家国有企业完全按照市场化标准来选聘、任免和使用职业经理人,因此,国有企业所拥有的真正符合市场化要求的职业经理人少之又少。在实践中,大多数国有企业靠从企业内部选聘职业经理人。部分国有企业扩大了选择面,尝试从外部市场选聘职业经理人,但在这种做法中,外聘职业经理人融入企业经营管理活动的成效普遍不太好。

导致上述现象的原因是，我国的职业经理人供给总体短缺，加之国有企业对职业经理人的政治背景以及适应性有一定要求，有经营管理能力又能符合国有企业的政治素质要求的职业经理人数量非常有限（邢志宇、林思圻，2019）。到目前为止，国有企业职业经理人的产生机制，主要不由市场决定，而是由上级部门或机构的行政化选派来产生的。在这样的体制下，对职业经理人的经营业绩考核的标准与程序不具有鲜明的市场化特点，也缺乏薪酬激励上的"合理性标准"和"正当性程序"（夏小雄，2021），对优秀人才的吸引力度有限，这又进一步使国有企业外部的优秀职业经理人才不愿进入，或者是更加难以进入国有企业工作。总体而言，在现有的职业经理人制度运行中，调动企业活力与提高业绩，通常不是国有企业对其职业经理人的最重要的履职要求。与之相类似，国有企业职业经理人的薪酬待遇与职务升降，与他本人的经营管理能力与业绩表现之间也缺乏紧密的相关性。这就决定了，即使国有企业推行了职业经理人制度，相关制度选聘出来的职业经理人虽然被冠以了"职业经理人"之名，但他们在调动企业活力与提高业绩方面的作用并不是很显著。

2. 国有企业职业经理人因为自主决策权不充分而难以发挥作用

按照现代公司治理理论的主流解释是，职业经理人与公司董事会之间是委托—代理关系。经过董事会授权，职业经理人对董事会负责，负责在企业经营管理活动中全面落实董事会的各项决议。针对已经开展职业经理人试点工作的国有企业的调研表明，职业经理人普遍反映，其法律地位和职责权限定位不明晰，缺乏对自身自主决策与经营管理职权的明确界定。大多数职业经理人在聘任上岗后，其职责履行受到各种正式制度和非正式制度因素掣肘，难以独立自主开展经营管理活动，因而也无法对企业业绩水平独立承担相应的责任。

在我国国有企业的改革实践中，由于国有企业的市场主体地位不甚充分以及现行的人事干部管理体制机制所限，职业经理人制度在实际推行中，遇到了多方面制度障碍（刘立贵，2020）。首先，职业经理人的职权是由公司董事会授予的。即使公司董事会愿意授予职业经理人相对充分的职权，公司董事会通常也不拥有完全独立自主地选聘职业经理人的职权。其次，按照国有企业领导体制和干部管理的运行惯例，董事长通常被视作公司"一把手"，在事实上拥有远远高于职业经理人的管理职权，进而容易限制职业经理人的履职活动。在国有企业中，董事长直接主导企业各方面经营管理事务的情况并不罕见。这对职业经理人的经营自主权造成了明显的不利影响。最后，实施职业经理人试点的国有企业通常会同时实行任命制和聘任制。在这种"双轨式"体制下，采用聘任制的职业经理人的薪酬水平一般会稍高于其他体制内的实行任命制的国有企业高管，但是，在企业高管的政治身份或地位上，采用聘任制的职业经理人却又一般会低于其他体制内的实行任命制的国有企业高管。这种双轨制既不利于充分发挥职业经理人的经营管理才能，还有可能因为薪酬水平与职权水平错配，削弱了国有企业领导干部队伍的团队协作水平。

3. 不同国有企业对职业经理人制度的认知与执行的差异度较大

职业经理人的职业身份到底是什么？对于这个基本问题，不同国有企业在认知上存在较大的差异。一种观点认为，职业经理人在身份上属于企业家群体。职业经理人因为拥有经营管理企业所需要的才能，而成为企业高管或领导干部。因此，作为拥有企业家精神或有企业家才能的特殊的管理劳动者，这应该是职业经理人的首要职业身份。这是一种理想化、强调市场化和专业化特点的理解。另一种观点认为，国有企业的职业经理人在身份上应该与国有企业的其他领导干部相一致，其首要的职业身份是高度行政化的、类政府官员性质的职务身份。尽管社会上对国有企业的"官本位"现象诟病较多，但从国有企业人事干部管理体制的实际运行情况看，对国有企业领导干部的管理程序与对政府官员的管理程序相对接近。而且，近年来，政府部门干部与国有企业领导干部交互流动的情况越来越多见，官员可以被任命为国有企业的董事长和总经理，企业领导干部也可以调动到政府部门担任官员（赵曙明，2005）。基于这种实践背景，越来越多的国有企业职业经理人倾向于以政治化身份为占优的认知，而不是以企业家身份作为占优的认知。

从实践情况来看，表现出了以下规律特点：第一，中央企业与地方国有企业相比，前者的职业经理人的身份认知及制度实践，通常有更加显著的行政化或政治化特征。相比较而言，地方国有企业的职业经理人的短缺程度相对更大，也相对更倾向于采取市场化手段与方式去选聘职业经理人。总体而言，在地方国有企业，尤其是市一级国有企业中，职业经理人制度还处于探索阶段（邢志宇、林思圻，2019）。第二，管理层级高的国有企业比管理层级低的国有企业，其职业经理人的身份认知及制度实践，通常有更加显著的行政化或政治化特征。第三，市场竞争程度低的国有企业比市场竞争程度高的国有企业，其职业经理人的身份认知及制度实践，通常有更加显著的行政化或政治化特征。调研表明，完全竞争类国有企业对职业经理人的需求意愿，一般高于公益类企业。公益类企业因为经济效益水平较低，对职业经理人吸引力有限。而且，有的企业外部政策环境不够完善，企业自身也缺乏对市场竞争较强的感知力，缺乏通过改革试点工作来改变现状的意愿（刘立贵，2020）。第四，组织规模大的国有企业比组织规模小的国有企业，其职业经理人的身份认知及制度实践，通常有更加显著的行政化或政治化特征。第五，在非国有独资公司中，国有股权占比高的国有企业比国有股权占比低的国有企业，其职业经理人的身份认知及制度实践，通常有更加显著的行政化或政治化特征。

研究表明，理论界和实务界不能就国有企业职业经理人的体系构造和制度规范形成一致性理解，这就导致各地制定的政策性文件和各类国企的创新实践不够一致，常会出现矛盾的改革举措（夏小雄，2021）。我们从对国有企业的调研工作中发现：与国有企业职业经理人制度建设相关的各种实践问题，其症结在于，国有企业职业经理人制度面临平衡市场化与行政化的双重逻辑的巨大挑战。一般而言，职业经理人的原生态的制度逻辑是市场化、专业化和职业化的逻辑，但是，国有企业职业经理人制度，有行政化逻辑方面的特殊要求。在受到双重制度逻辑支配的情况下，人们对国有企业职业经理人的身份与角色的认识是模糊的，相应地，不同类型的国有企业的职业经理人的制度实践，也是有些混乱的，夹杂了诸多现实问题在其中。

四、完善职业经理人制度建设的对策建议

在相当长的一段时间里，人们习惯于将国有企业职业经理人制度等同于一般企业的职业经理人制度，并将彻底的"去行政化"和市场化作为国有企业职业经理人制度建设的改革方向。但从近年来的实践来看，国有企业职业经理人制度，作为中国特色现代国有企业制度的有机组成部分，它具备一般企业的职业经理人制度的市场化取向与特征，但又绝对不仅仅是简单地一味强调市场化原则。完善国有企业职业经理人制度建设，需要平衡好国有企业职业经理人的双重身份逻辑的关系以及对国有企业职业经理人的职业要求与职务要求的关系。其关键在于，一方面，需要进一步强化对国有企业职业经理人调动企业活力与提高业绩的职业要求。国有企业之所以引入职业经理人制度，中心任务在于提升国有企业的经营管理效率，释放企业发展活力。不论出于何种目的、何种借口，如果偏离对经理人的"职业化"的根本要求，职业经理人制度建设就如无根之木、无源之水那样，只能沦为流于形式的制度游戏。另一方面，需要切实保障国有企业职业经理人的自主决策与经营管理权。历史地看，放权始终是国有企业实质性改革的触发点。国有企业职业经理人制度，针对改变传统的高度行政化的干部管理制度。相应地，国有企业职业经理人制度建设的核心，应围绕对职业经理人的充分授权与放权工作展开。如果缺乏对职业经理人的有效放权举措，国有企业职业经理人制度建设难以取得实质性成效。

具体建议如下：

第一，优化职业经理人制度的顶层设计。职业经理人制度建设涉及许多方面的制度和政策，其中一个重要方面是，它联动着国有企业完善法人治理结构和深化国有企业领导制度改革的相关工作。职业经理人制度的主导逻辑是市场化选聘，而国有企业法人治理结构和企业领导制度的主导逻辑并不主要是市场化逻辑。职业经理人制度的顶层设计需要直面不同的制度逻辑之间的内在矛盾关系，确定对不同制度逻辑进行积极统合的原则，这些原则将用于对参与公司治理权利行使的各个方面管理主体和利益主体的权责利关系的再界定。在明确顶层设计的原则后，在企业执行层面，应该允许企业因地因时制宜，改革创新自身的治理制度和机制，设定与企业自身实际相符合的职业经理人制度的建设目标以及职业经理人制度改革实施的进程、方法和步骤，并在实践中确保相关改革的稳步有序推进。

第二，明确经过市场化选聘的职业经理人的身份定位，充分落实市场化和高素质的职业经理人的自主决策和经营管理权。一方面，要坚持党管干部、党管人才的原则，紧密结合企业法人治理结构中董事会任免经理人的治理安排，强化党组织和董事会做出职业经理人任免决定的管理体制机制，进一步强化实施职业经理人制度的主体责任制度。另一方面，要加快落实经过严格的市场化选聘程序的、担任正职的职业经理人全面负责管理企业生产经营活动的职权。实施严格的市场化选聘职业经理人的国有企业，应该已经建立了与实行职业经理人制度相适应的完善的企业管理组织体系与管理制度，在深化三项制度改革上取得了积极进展，形成了"管理人员能上能下、员工能进能出、收入能增能减"的常态化机制。在一些条件相对成熟的国有企业，还可以推进试点，授予担任正职的职业经理人提名企业副职经理人员与其他企业高管的职权。

第三，高度重视培养和塑造国有企业职业经理人的正确的职业道德观念。这些年的国有企业职业经理人制度建设工作，过于强调对职业经理人的市场化激励。与国有企业相比较，民营企业的职业经理人实践并没有明显的市场化激励方面的束缚，但其实践情况也不太成功。从美国等发达国家的实践经验与教训看，过度激励也造成了职业经理人经营管理行为扭曲的各种负面效应。这些现象表明，市场化激励并不一定是决定职业经理人制度建设成效的最重要的因素。在我国，在国家倡导的社会共同富裕的大政方针以及对国有企业高管的限薪政策之下，国有企业能够为其职业经理人提供的市场化激励的制度空间是相对有限的。此时，尤其需要借助正确的职业道德观念的力量，通过加强国有企业职业经理人的理想信念教育，强化他们为国担当、为国分忧，对党、对国家、对人民忠诚的使命与责任意识，以此来对国有企业职业经理人的行为进行恰当的引导与约束。

第四，积极探索和发挥声誉机制对国有企业职业经理人的约束与激励效应。这些年来，有关部门开展了职业经理人的资质评价、认证与管理制度建设工作，不少企业引入了第三方机构人才测评对职业经理人职业素养和职业能力进行综合测评。不过，这些工作的实际成效并不太好。究其原因，企业经营管理活动高度复杂，只有深入复杂实践，职业经理人的能力才能得到最终的检验。因此，再规范的职业经理人的资质评价、认证程序，也无法有效保证经过这些复杂程序认定的管理人才，一定具备胜任管理好国有企业的职业能力。在这种情况下，声誉机制有望成为对国有企业职业经理人的一类相对有效的约束与激励机制。从约束方面看，声誉机制可能约束国有企业职业经理人经营行为短期化现象，对那些损害国家和企业利益的职业经理人，坏声誉会起到很好的惩戒和约束作用。从激励方面来看，声誉本来就是职业经理人长期成功经营企业的必然产物，是职业经理人自证自身的人力资本价值的最好的试金石。发达的声誉机制能有效激励职业经理人在企业经营管理活动中奉行长期主义。

第五，加强多层次的国有企业职业经理人队伍建设，特别要大力培育、造就和打造具有国际竞争力的职业经理人队伍，为志在迈向世界一流的国有企业提供坚实的人才队伍保障。目前，国有企业职业经理人制度建设在实践中较多地表现为对国有企业存量领导干部向职业经理人身份转换的探索，而这些国有企业内部的存量领导干部主要都是在高度行政化的人事干部管理体制机制中培养起来的。将改革试点工作的重心放在这批干部的身份与认知转换上，并不能有效增加国有企业专业管理型人力资本的供应数量与质量，反而有可能造成原有的成熟体制运行的紊乱与低效。国有企业职业经理人制度建设，应将工作重心放在国有企业职业经理人的增量资源与能力的培育上，中心任务是服务于新时代、新形势、新任务下国有企业实现高质量发展和迈向世界一流的发展需要。能不能培育、造就和打造一大批具有国际竞争力的职业经理人队伍，使之承担起振兴和发展壮大中国国有企业在各产业领域事业建设与创新发展的重任，并在激烈的全球竞争中不断提升中国国有企业的地位与影响力？这应该成为未来衡量国有企业职业经理人制度建设成败的基准线。

参考文献

［1］OECD，Competitive Neutrality：Maintaining a Level Playing Field between Public and Private Business，2012，OECD Publishing.

［2］OECD，State Owned Enterprises and the Principle of Competitive Neutrality，2009，http：//www.oecd.org/daf/ca/corporategovernanceofstate-ownedenterprises/50251005.pdf。

［3］白殿忠：《中国职业经理人制度的国际化探索》，《新商务周刊》2014年第7期。

［4］丁志和：《中国经济召唤职业企业家》，《经济师》1992年第10期。

［5］辜胜阻：《企业家职业化：现代企业制度的必然要求》，《中国改革》1994年第4期。

［6］国务院国资委改革办、国务院国资委新闻中心：《国企改革"双百行动"案例集》，机械工业出版社2020年版。

［7］国务院国资委：《中国国企改革"双百行动"取得重大进展》，国务院国资委 http：//www.sasac.gov.cn/n2588025/n2588139/c16191443/content.html，2020年12月11日。

［8］黄群慧：《"新国企"是怎样炼成的——中国国有企业改革40年回顾》，《中国经济学人（英文版）》2018年第1期。

［9］刘立贵：《影响国有企业建立职业经理人制度的因素分析》，《国

有资产管理》2020 年第 12 期。

［10］吕政、黄速建：《中国国有企业改革 30 年研究》，经济管理出版社 2008 年版。

［11］夏小雄：《如何建立完善国有企业职业经理人制度》，《经济参考报》2021 年 10 月 19 日第 8 版。

［12］邢志宇、林思圻：《国企职业经理人制度"二三四模式"》，《企业管理》2019 年第 11 期。

［13］张白鸽：《国企领导体制 60 年改革历程回顾》，《中共四川省委省级机关党校学报》2009 年第 3 期。

［14］赵曙明：《职业、市场、国际化——国有企业职业经理人发展之思》，《施工企业管理》2005 年第 9 期。

［15］中国船舶集团：《中国船舶多措并举推动经理层成员任期制和契约化管理取得阶段性成效》，国务院国资委 http：//www. sasac. gov. cn/ n4470048/n13461446/n15390485/n15769618/c21807368/content. html， 2021 年 11 月 18 日。

［16］中国绿发：《"全体起立、竞聘上岗"扎实推进三项制度改革》，国务院国资委 http：//www. sasac. gov. cn/n4470048/n13461446/n15390485/ n15769618/c21535179/content. html，2021 年 11 月 4 日。

［17］中煤集团：《中煤集团加快职能转变 突出精干高效 持续深化总部改革》，国务院国资委 http：//www. sasac. gov. cn/n4470048/n13461446/ n15390485/n15769618/c21482625/content. html，2021 年 11 月 1 日。

第七章
竞争中性原则与培育世界一流企业

世界一流企业是引领全球技术进步和经济社会发展的重要力量。过去十年左右的时间，中国在加快融入全球市场体系的过程中，迎来了新时代加快培育世界一流企业的挑战。世界一流企业不仅是一个国家的科技实力和国际竞争力的重要代表，也是帮助传播一个国家的良好世界公民形象与国际声誉的重要主体。竞争中性原则为我国企业培育、建设和发展世界一流企业提供了有益的行动指南。

一、培育世界一流企业的实践历程

一个国家的经济繁荣离不开企业的兴盛。进入 21 世纪，中国企业加快融入全球市场经济体系，涌现出了一批大企业，中国企业在全球范围的影响力也在迅速提升和增强。

1. 党的十八大前后的理论探索与企业实践

2010 年，中国成为仅次于美国的全球第二大经济体。这一年，亦是国有企业全面开启建设世界一流企业的实践探索的第一年。2010 年的 12 月 23 日，时任国务院国资委主任的王勇在中央企业负责人会议上做了题为《坚持科学发展着力 做强做优 培育具有国际竞争力的世界一流企业》的讲话，明确提出要做强做优中央企业，以培育具有国际竞争力的世界一流企业为"十二五"乃至更长时期中央企业改革发展的核心目标。这些世界一流企业应该具备以下的主要特征：主业突出，公司治理良好；拥有自主知识产权的核心技术和国际知名品牌；具有较强的国际化经营能力和水平；在国际同行业中综合指标处于先进水平，形象良好，有一定的影响力。

2011年11月3日，《经济日报》召开了"如何打造世界一流企业"研讨会。在这次会议上，陶少华概括了世界一流企业应该具有的五大特征：一是实行全球战略目标；二是实施多元化发展和跨国并购进行规模扩张；三是技术创新成为公司发展的原动力；四是将新技术、新产品作为企业竞争的制高点；五是高度重视人才和企业的科学管理。他还指出了我国企业与世界一流企业相比存在的四大能力差距：一是缺乏长远规划与全球战略；二是尚未形成自主创新机制，缺乏核心技术积累与储备；三是经营能力总体较弱，资金积累与资本整合能力不强，缺乏全球资源配置能力；四是管理能力和管理思想相对落后。张文魁从八个方面来定义世界一流企业：竞争、份额、价值、产业、品牌、人才、机制和文化——也称为世界一流企业的八大特征。李伯溪（2012）认为，世界一流企业指在经济、社会与环境等方面能够不断创新，被世界公认为具有世界级竞争力的企业。它们具有四大显著特征：始终关注全球市场；持续追求卓越业绩；调动全球最佳才能；塑造优秀企业文化。

同一时期，国外管理咨询公司凭借对多年来的国外企业先进管理经验与知识的积累，也开展对这一议题的研究工作。金伟栋等（2011）认为，达到世界级地位的企业应具备四大能力。这四种能力包括系统规划，打造竞争优势；领导并管理业务的灵活度和集中度；建立并维护强大的管理体系；建立高效团队，培育创新型员工。德勤华永会计师事务所（2013）以2006~2010年连续五年上榜世界500强的107家企业为研究对象，将世界一流企业的八个战略性管理议题和"经营业绩领先"合并为"世界一流企业九要素"。九个要素中的八个议题，分别包括战略决策、领导力、公司治理、运营与控制这四个传统管理议题，以及国际化、人才管理、创新管理、品牌与客户这四个一流企业竞争的重点议题。

2012 年 3 月 13 日，国资委发布《关于中央企业开展管理提升活动的指导意见》（国资发改革〔2012〕23 号），提出利用 2 年时间在中央企业全面开展管理提升活动，实现为做强做优中央企业、培育具有国际竞争力的世界一流企业。当时的判断是：国资委成立以来，中央企业通过深化改革，转换机制，创新发展，管理水平有了较大提高，有力地促进了企业经济效益和竞争能力的大幅提升，为国民经济快速发展做出了较大贡献。但是，与党中央、国务院的要求及社会的普遍期望相比，与应对复杂市场和外部环境变化的要求相比，与参与国际竞争、增强国家整体实力的要求相比，中央企业在管理上还存在很大差距。尤其是一些企业管理基础薄弱、管理方面长期存在的一些突出问题得不到有效解决。开展管理提升活动，全面提高管理水平，是中央企业加快实现"做强做优、培育具有国际竞争力的世界一流企业"的核心目标的重要步骤。

这一年，已经有少数中央企业开始率先系统思考如何建设世界一流企业的理论与实践问题。中国华能集团总经理曹培玺（2012）认为，世界一流企业应该具备"八个一流"的特征，即一流的自主创新能力、一流的资源配置能力、一流的风险管控能力、一流的国际化经营能力、一流的可持续发展能力、一流的企业经营业绩、一流的人才队伍素质、一流的企业品牌形象。围绕创建世界一流企业的目标，华能的发展思路是实施"七大战略"、夯实"三大保障"。其中，"七大战略"分别是转型升级战略、科技创新战略、绿色发展战略、国际化经营战略、卓越运营战略、人才强企战略、和谐发展战略。"三大保障"就是以深化改革为动力保障，以强化基础管理为机制保障，以加强党的建设为组织保障。

2013 年 1 月，国资委同时印发了《中央企业做强做优、培育具有国际竞争力的世界一流企业要素指引》（国资发改革〔2013〕17 号）和《中央企业做强做优、培育具有国际竞争力的世界一流企业对标指引》（国资发改革〔2013〕18 号），明确提出了世界一流企业应当具备的 13 项要素及其各自对应的要素体系（见表 7-1），并将对标作为做强做优、培育世界一流企业的重要工作抓手。

表7-1　世界一流企业的13项要素体系

要素	关键举措与实现路径
公司治理	董事会建设；领导力提升；有效监督
人才开发与企业文化	人才开发；文化培育
业务结构	核心业务；新兴产业
自主创新	自主创新体系建设；转型升级；外部资源利用；市场化产业化
自主品牌	品牌推广
管理与商业模式	管理改进与创新；商业模式创新
集团管控	集团管控模式选择与实施
风险管理	风险管理体系建设；重点风险监控；配套的制度建设与文化培育
信息化	加强信息化建设的组织领导与协同推进
并购重组	战略决策；战略实施
国际化	确定国际化的目标基准；选择国际化方式；创新业务模式
社会责任	建立责任治理体系；加强沟通
绩效衡量与管理	理顺关键流程；绩效目标的确定与分解；绩效评价与奖惩兑现；标杆管理

资料来源：根据相关文件整理。

　　上述两份指引文件强调了，我们需要正确认识什么是世界一流企业以及如何建设世界一流企业的重要性；强调了建设世界一流企业，需要加强注重行动的学习，要把世界一流企业作为标杆对象对标学习，向一切优于自己或可带来有益启示的东西学习借鉴并在此基础上改进创新，持续追求卓越；强调了需要以卓越绩效的最佳实践者为对标学习的对象，学习能够有效促进核心目标的实现以及能够促使效率效益最大化或显著提升的先进的经营理念、管理思想、商业模式、管理组织、流程、技术和方式方法等，不断推动组织综合绩效和关键绩效指标达到国内外同行业一流水平。

　　2. 党的十九大以来的理论探索与企业实践

　　党的十八大以来，随着中国的经济社会发展实力的持续提高，中国在国际经济政治格局中所处的地位与作用出现了积极的变化。与此同时，种种迹象表明，中国正在对美国的世界领导地位构成不容小觑的挑战，世界已经步入百年未有之大变局。就是在这种时代背景下，2017 年 10 月，习近平总书记在党的十九大报告中指出：深化国有企业改革，发展混合所有制经济，培育具有全球竞争力的世界一流企业。这是党的最重要会议和报告上第一次对国有企业提出培育世界一流企业的任务。黄群慧等（2017）基于对四家典型案例企业的研究，给出了世界一流企业的"四阶段—四维度"分析框架。他们的研究认为，世界一流企业的成长一般会经历创业阶段、增长阶段、转型阶段和超越阶段这四个不同阶段。在不同阶段，世界一流企业在资源基础、动态能力、战略柔性和价值导向这四个维度上会呈现出不同的侧重与特点。正是通过四个维度的各相关因素之间的交互作用，世界一流企业将实现从一个阶段向另一个阶段的转变和跃升，进而实现自身的可持续发展。相关的研究工作，还总结了世界一流企业在 11 个方面的管理经验（黄群慧等，2019）。上述的研究所关注的世界一流企业的发展实践，已经突破了所有制因素的局限，是覆盖所有中国企业改革发展实践的共性问题。

2018 年，国务院国资委郝鹏书记强调，中央企业需要扎实抓好党的建设工作，深刻认识国有企业是中国特色社会主义的重要物质基础和政治基础，充分发挥国有企业的光荣传统和独特优势，坚持"两个一以贯之"，抓好基层党建"三基建设"，抓好国有企业党风廉政建设工作，为培育具有全球竞争力的世界一流企业提供坚强政治保证。这一年，国资委围绕"打造世界一流企业"，组织了专题调研，明确一部分中央企业逐步具备了成为世界一流企业的某些重要基础和条件，但与世界一流企业相比，仍然存在一些差距和不足。这其中，既有硬实力的差距，也有软实力的不足。2018 年 9 月 2 日，在西安举办的"2018 中国 500 强企业高峰论坛"上，国务院国资委副主任翁杰明指出，打造世界一流企业，需要做到"三个领军""三个领先"和"三个典范"，即"三个三"目标。其中，"三个领军"，就是要成为在国际资源配置中占主导地位的领军企业、引领全球行业技术发展的领军企业、在全球产业发展中具有话语权和影响力的领军企业。"三个领先"，即效率领先、效益领先、品质领先。效率领先，是指在全要素生产率和劳动生产率等方面领先，推动企业在理念、目标、制度、标准、经营等全方位适应高质量发展要求，通过生产要素的合理流动和优化组合，全面提高投入产出效率；效益领先，是指在净资产收益率、资本保值增值率等关键绩效指标上领先，持续保持良好的业绩表现；品质领先，是指在提供的产品和服务品质上领先，推进企业增品种、提品质、创品牌，大力提升产品服务质量、标准档次和品牌影响力。"三个典范"，即一是要成为践行绿色发展理念的典范；二是要成为履行社会责任的典范；三是要成为全球知名品牌形象的典范。

从 2018 年开始，越来越多的中央企业开始将建设世界一流企业的思路融入企业战略规划中去。一些中央企业提出了打造世界一流企业的时间表和路线图。2019 年，国资委将航天科技、中国石油、国家电网、中国三峡集团、国家能源集团、中国移动、中航集团、中国建筑、中国中车和中广核集团这 10 家中央企业列为创建世界一流示范企业。2020 年，又增加了中国宝武。入选示范企业的中央企业的共同特点是主业突出、竞争优势明显，基本达到了"三个领军"的目标要求；同时，在公司治理、集团管控、人才队伍建设等方面表现突出，具备成为世界一流企业的基础条件。

同一时期，有关世界一流企业的理论研究持续升温。蒋福佑和周偶然（2019）认为，世界一流企业是全球化运营能力优、规模与运营绩效佳、核心竞争力强、管理水平高、品牌影响力大的企业。建设世界一流企业，需要关注六个方面：保持清晰专注的战略；培育卓越的领导力；建设扁平高效的组织结构；永葆持续的创新能力；构建有机协调的业务体系；培育优秀的企业文化。李寿生（2020）概括了世界一流跨国公司的五个共性特征：一是超前的企业战略；二是超强的创新能力；三是领先的经营效率；四是高度的社会责任；五是独特的企业文化。崔新健和欧阳慧敏（2020）认为，世界一流企业需要经历规模增长、效益进阶、创新推动、国际化拓展和实现全球品牌这五个进程，才能最终成为具有全球竞争力的世界一流企业。

2020 年 6 月，习近平总书记主持第十四次中央全面深化改革委员会，审议通过了《国企改革三年行动方案（2020—2022）》（简称《三年行动方案》），要求开展培育世界一流企业创建示范工程和对标世界一流管理提升行动。在对标世界一流管理提升行动中，国资委明确将战略管理、组织管理、运营管理、财务管理、科技管理、风险管理、人力资源管理、信息化管理八个领域，作为对标提升行动的重点任务，并提出用两三年的时间，推动中央企业和地方国有重点企业基本形成系统完备、科学规范、运行高效的中国特色现代国有企业管理体系，总体管理能力明显增强，部分企业管理达到或接近世界一流水平。这一年10月，党的十九届五中全会通过的《中共中央关于制定国民经济和社会发展第十四个五年规划和二〇三五年远景目标的建议》，将"加快建设世界一流企业"作为"十四五"期间国有企业改革发展重大目标任务。

2022年2月28日，习近平总书记主持召开中央全面深化改革委员会第二十四次会议，审议通过《关于加快建设世界一流企业的指导意见》，进一步明确要加快建设一批产品卓越、品牌卓著、创新领先、治理现代的世界一流企业。这次会议表明，从国家层面来看，加快建设世界一流企业，不再仅仅是国资监管部门引导和要求部分国有企业先行先试的发展职责与任务了，而是不同所有制企业都必须要认真思考与严肃对待的时代性议题了。应对世界百年未有之大变局下的时代挑战，中国企业需要凝心聚力，矢志不渝地发展与建设一批在高度复杂的国际竞争环境条件下堪当大用的世界一流企业。这些企业将服务于21世纪中叶我们建成社会主义现代化强国的战略全局，将成为保障未来一段时期中国经济社会可持续发展及巩固中国在国际市场体系中的竞争优势的微观主力军，也正是在上述过程中，这些企业将最终实现与世界一流企业阵营的对接与并轨。面对这样一场时代大考，我们的一批有领先优势的企业应充分展现出在激烈竞争与对抗面前勇于冲锋和不畏爬坡过坎的奋进拼搏的精神面貌，充分发挥在过去十年积累的先发优势，充分履行好自身加快改革发展步伐的历史重任。

二、竞争中性原则对培育世界一流企业的要求

我国国有企业构成复杂，量大面广，在组织管理方式和公司治理体系上有自己的特点，因此，面对与竞争中性原则相关的诸多国际贸易合作协议或规则的烦琐与缜密的要求，如果要"一揽子"地让所有国有企业在短时期适用竞争中性原则，是有很大难度的。但我们也看到，党的十八届三中全会以来，伴随国有企业改革的全面深化，相当数量的国有企业已经具备了遵循 OECD 倡导的先进的国有企业公司治理规范和竞争中性原则开展运营管理活动的必要素质与能力。当前，一部分有志于建设世界一流企业，特别是成功转成国有资本投资公司的国有企业，它们基本具备了符合竞争中性原则要求的素质和能力。从长远来看，越来越多的国际贸易合作规则体系将接受类似于竞争中性原则对国有企业的规制理念。在此趋势下，努力成为符合竞争中性原则要求的治理规范与透明的企业，是我国企业建设、培育和发展世界一流企业并获得国际社会高度认可的必由之路。

第一，符合竞争中性原则要求的世界一流企业，应该具备与其所承担的经营活动性质相适配的企业组织制度形式。世界一流企业的组织制度形式必然是企业化的组织制度形式。在市场经济体制中，企业组织制度形式是约束企业的一套行为范式，它既可以带有企业发展中形成的个性化特点，但也要在很大程度上遵循标准化的商业语言规范。无论是国有企业，还是民营企业，发展成为世界一流企业都需要为自身构建一套既体现其功能使命与经营活动特点，又符合国际惯例的企业组织制度形式。不以建设世界一流企业为发展目标的企业，选择组织制度形式的余地可以大很多。

OECD（2009）指出，国有企业的概念涉及了广泛的实体（Encompasses a Broad Range of Entities），而这些实体的共同特征是由政府控制（Government Control）。国家对国有企业的政府控制，可以采取各种形式。最主要的一种形式是持有企业股份。除此之外，还可以要求国有企业保留特定组织形式（Specific Organizational Forms），国有企业会因此像政府机构一样，具备特定的组织要素或直接执行特定的活动。OECD 在 2021 年发布的《关于竞争中立的建议》中指出：不同国家认为属于国有企业的机构的范围各不相同。首先，最具共识的理解是，被一国法律视为企业并且由国家行使所有权或控制权的一切法人实体均应当视为国有企业，前者包括国有股份公司、国有有限责任公司和国有股份有限合伙企业，后者包括其他依据法律规定或公司章程来确保国家控制权的企业。其次，通过特定立法确立其公司法人地位的企业，且企业目的及活动或部分活动在很大程度上具有经济性质，也应当视为国有企业。最后，其他模棱两可的情况需要另行逐案处理。

世界一流企业，作为世界普遍公认的一流企业，需要始终坚持独立的市场主体地位，努力避免自身的组织制度形式及行为陷入模棱两可的争议状态。在制度逻辑上，OECD 的制度文本和 WTO 规则体系的出发点是，对从事商业活动的、有独立市场法人地位的国有企业和私营企业一视同仁，视二者为享受同等的法律义务与权利的市场主体。较有共识性的观点是，国有企业和民营企业各有各的治理难题。一个国有企业在保持政府所有权和控制权的情况下，如果具备了确保其独立市场主体地位的组织制度形式，其经营活动才有可能真正独立于政府的行政性力量的干预；与之相类似，一个民营企业也需要选择恰当的组织制度形式，来帮助克服家族企业控制或企业股权过度集中于民营企业家一人之手的公司治理弊端，才有可能真正成为符合公平竞争期望与要求的企业主体。

我国企业要发展成为世界一流企业，就需要为树立正面的独立市场主体形象和地位而不懈努力。一方面，要不断汲取现代公司治理体制中的先进制度元素，动态完善自身的商业化、企业化和公司组织制度形式；另一方面，要积极向国际社会传播与企业功能使命紧密相关的个性化的制度元素，并努力使后者成为国际社会乐于接受的、能够充分体现现代公司治理体制的多样性的有益成分。

第二，符合竞争中性原则要求的世界一流企业，应该确保不以任何扭曲或偏离市场竞争的方式来形成竞争优势。OECD 的《关于竞争中立的建议》指出，一个国家应该确保适用于不同所有制企业的法律框架是竞争中性的。这一制度要求背后的隐含假设是，一国政府有可能为企业提供不当利益，有选择地使一部分企业受益，从而阻止、限制或扭曲竞争。而且，一般认为，国有企业获得不当受益的概率更大——这也是竞争中性原则要求国有企业承担更高水平的行为规范义务的理论依据。CPTPP 的竞争中性规则着力强调关注国有企业在从事商业活动时，在两个方面造成的反竞争的行为后果：一是非歧视待遇和商业考虑，强调以私营企业商业决策作为是不是商业考虑的参照依据；二是非商业援助，强调国有企业不得接受来自政府或其他国有企业的非商业援助（包括提供资金、免除债务，也包括融资担保优惠、违背商业惯例的股权投资，及以优惠条件提供货物或服务的行为），并因此而对其他国家的产业企业发展、贸易或投资活动，造成不利影响或损害。从现有的国际经贸合作规则体系的制度走向看，国际社会不仅要求国有企业确保行为合规，还要求国有企业有"自证清白"的素质与能力。这无疑加大了以我国为代表的新兴经济国家国有企业实现跨越发展的难度。

按照竞争中性原则的要求，世界一流企业的竞争力只能来源于公平市场竞争。一家企业即使有非常强的竞争力，但如果它无法证明自身的竞争优势，到底是来源于市场，还是来源于政府的不当利益的输送，那么，这家企业的公司声誉也难免受到损害，从而难以真正成为一家公认的世界一流企业。我国企业发展成为世界一流企业，需要全面杜绝从政府或其他机构那里获得程序上不具有正当性的经济利益的一切经营行为及其不良后果。具体形式包括：以不符合市场原则的条件或方式，接受贷款、贷款担保和国家资本投资，以及享受排他性的税收优惠、补贴，或者在与政府的交易活动中，以优惠价格提供或购买的商品或服务，等等。

从国际经验来看，世界一流企业发展到一定阶段后，往往会向多元化的业务架构方向发展。竞争中性原则不是要求企业在一个或几个业务领域，按照公平竞争的方式运营；而是要求企业同时在多业务领域按照公平竞争的方式运营。我国的国有企业大多数处于基础性、资源性和战略性产业领域，一些企业经济规模大，业务构成比较复杂，企业还可能以商业活动的形式承担了相当一部分的公共服务义务。对此，OECD 的竞争中性原则要求，企业按照真实成本定价的方式，来对公共服务义务予以公允计价；并对不同的业务活动进行严格的分类，确保企业的正常商业活动以可接受的商业回报率水平运营。可以说，在这个方面，竞争中性原则对我国企业的专业化的精准管理、多业务的分类管控能力及复杂业务关系网络的协调能力，提出了非常有难度的要求。这是我们的企业建设和发展成为世界一流企业时需要格外注意的一个方面。

第三，符合竞争中性原则要求的世界一流企业，应该有能力运行在较高的透明度水平上稳健加强信息披露工作。透明度一直被 OECD 奉为规范的和先进的现代公司治理的一个重要实践方向。世界一流企业通常被人们认为是属于公司治理现代化水平高的典范企业，它们相对于遵守包括 OECD 在内的及其他国际机构推行的高标准的透明度规范的要求。

《OECD 国有企业公司治理指引》被不少国家视为有助于督促国有企业像私营企业那样，高效且透明地运营的一个有效的规则体系。OECD 的一条治理理念是，国有企业应该参照上市公司加强信息披露，向公众披露企业的目标、运营和绩效的相关情况。OECD 主张，透明度不仅涉及国有企业层次的信息披露，还涉及国家层次的信息披露。在企业层次上，OECD 引导国有企业向公众披露以下信息：一是企业目标及其实现情况；二是企业财务情况和经营成果，包括成本以及与公共政策目标有关的资金安排；三是企业的治理、股权结构和投票权结构，相关公司治理准则或政策及实施过程；四是董事会成员及其报酬、经理层的情况；五是董事会构成与董事选任流程，董事的独立与否（在其他公司董事会兼职的情况）；六是可预见的重大风险因素及风险管理措施；七是从国家获得援助的情况；八是与国家及其他相关单位之间的重大交易；九是与员工和其他利益相关者相关的其他情况。为确保国有企业的透明度，OECD 认为，国有企业的年度财务报表应该接受独立外部审计。这里所说的独立外部审计，其功能和作用不能由像国家审计这样的特殊国家控制程序（Specific State Control Procedures）来替代。按照 OECD 规制国有企业的制度逻辑，国有企业应该保持一定的透明度，履行好相应的信息披露义务，这是确保国有企业行为符合竞争中性原则要求的重要前提。

国际经贸合作规则对透明度的要求，并不完全是从公司治理规范的视角提出来的，而有从符合竞争中性原则要求的角度就国有企业经营行为的相关信息披露问题进行的专门规定。以 CPTPP 的第 17.10 条的相关内容为例，其具体要求如下：第一，作为缔约方的国家，需要在官方网站公开提供其国有企业名单，且此后应每年更新。第二，在需要的情况下，国有企业应披露如下的信息，以反映该企业的经营活动对其他国家的贸易或投资的影响，具体的披露信息事项包括以下几项：一是政府股东持股及累计持有的投票权比例的情况；二是持有的特殊股权、特别投票权或其他权利的情况；三是在该国有企业董事会中任职或作为成员的所有政府官员的官衔；四是该国有企业最近三年的收入和总资产；五是使该国有企业获益的任何法定的免除和豁免权益；六是任何可公开获得的有关该国有企业的额外信息，包括年度财务报告和第三方审计情况。这些公开信息的披露要求，和 OECD 的信息披露要求有一定的重叠。第三，国有企业需要披露有关采取或维持与提供非商业考虑援助相关的任何政策或计划的运营情况的信息，具体包括非商业援助的形式、非商业援助的提供方和获得企业的名称、非商业援助相关政策或计划的法律根据和政策目标、反映非商业援助情况的财务统计数据等，并就此政策或计划影响或可能影响其他国家的贸易或投资的情况进行说明。这些与非商业援助相关的信息披露要求，充分体现了竞争中性原则对国有企业经营行为透明度的特殊要求。在国际贸易合作领域，各缔约方的利益动机与具体诉求复杂，透明度要求，在竞争中性原则下，很有可能起到对国有企业的行为约束的不恰当的放大器作用，进而延伸为针对我国企业的不合理和高成本的信息披露义务。对于这其中的风险，我们需要予以必要的警惕。

可以预见，从未来趋势看，透明度问题将会成为受越来越多的国际贸易合作规则体系重视和采纳的国有企业公司治理领域的一项普适原则。有一些国际贸易合作规则只是对透明度问题泛泛地做出了原则性的或一般化的要求。另一些国际贸易合作规则要求，一旦某企业的经营行为受到了质疑，该企业或对其履行控制与监管责任的政府，有义务向相关方面提供信息，以确保后者能对企业行为是否合规进行有效研判。我国企业建设和发展世界一流企业，需要增加对透明度问题的正确认识，一方面，不能消极保守地回避、抵制正当的信息披露要求，而要积极提高自身在相对较高的透明度水平上开展运营活动的能力；另一方面，还要积极参与国际规则体系的互动与交流，稳步增加话语权，提高自身应对各方动机复杂和要求严苛的信息披露诉求的专业技能与综合素质，而不能没有底线地、一味加大自身进行信息披露的责任。

三、培育世界一流企业所面临的形势与挑战

企业成长是一个漫长的演化过程（Penrose，1959）。世界一流企业是企业持续成长到高级阶段后的一种表现形态。企业理论告诉我们，企业是生产性资源的集合。按照这种观点，世界一流企业是卓越的、伟大的生产性组织，是一流产品与服务的生产提供者。在其成长过程中，世界一流企业凭借强大的管理能力，不断地捕捉各种市场机会和聚合各种生产性资源，源源不断地创造各种经济社会价值。从国际经验来看，世界一流企业的成长还需要重要的时代机遇。发达国家的世界一流企业，通常是在其国家经历了相对持久的经济持续增长的时间周期之后，才逐渐涌现出来的。唯有在经历了相当长的一段时间的经济增长与繁荣之后，才有可能形成一

个能够容纳世界一流企业的比较宽阔的市场空间。

1. 培育世界一流企业所面临的形势

综合考虑企业内部的因素和外部环境的因素的共同作用，学术界在研究企业成长时，习惯于将影响企业成长的因素分为内源性因素与外生性因素两大类。这其中，内源性因素对应的主要是企业自身用以发现和聚合各种生产性资源的组织管理能力；外生性因素对应于与外部市场环境中的机会相关的因素。发达国家的世界一流企业是在自然演化状态下成长起来的，由于这些企业经历的时间周期长，历经过明显的经济起伏波动，因此，企业普遍有相对较强的克服不利环境因素影响的能力，驱动这些企业成长的因素以内源性因素为主；相比之下，后发展的新兴经济体国家的大企业在较短时期里快速发展起来，这些企业的成长尽管受到了内源性因素的驱动，但在更大程度上是依赖于外生性因素的作用的。外生性因素在给企业带来发展机遇的过程中，会助推企业规模实力的不断提升，这将给企业成长带来新的挑战——当企业的管理能力跟不上企业经营活动扩张的步伐时，各种低效或无效使用的冗余资源会在企业内部迅速累积，不断加大企业的运营成本，直到超过企业可利用的生产性资源所创造的价值，此时，企业成长将受到阻滞；反之，如果企业管理能力足以克服各种阻滞因素的挑战，企业将实现可持续成长，并逐步向世界一流企业的方向迈进。

就我国而言，改革开放以来，伴随经济持续快速增长，企业获得了前所未有的发展繁荣的历史性机遇。从现实中，可以观察到，我国企业在两个方面展现出了发现新的市场机会和创造性地从事生产性活动的卓越能力。一方面，是从市场中获得中低技术资源的能力。我国企业在基本没有什么技术积累，或者说，只有非常低水平的技术基础的情况下，通过大规模引进和吸收国外技术资源，逐步在众多有一定技术门槛的产业领域形成了竞争能力。在这个过程中，我国企业创造性地聚合了各种低技术水平的生产性资源，从以相对粗放的方式从事各种低技术水平的生产性活动起步发展，再不断地接受产品技术的持续升级与改进，进而持续形成了虽然处于中低技术水平但富有成本上的竞争力的产品与服务。

　　另一方面，是从市场中获得现代企业组织管理知识和经验的能力。在改革开放之前，我国企业组织管理水平非常弱。1978 年，政府开始推动大规模的企业管理人员学习现代化管理知识的培训活动，全面开始引进吸收西方管理学知识；几乎是与此同时，我国管理理论界开始思考建立和发展有中国特色的管理理论和管理模式的发展方向——1983 年，袁宝华提出"以我为主，博采众长，融合提炼，自成一家"的方针（黄群慧，2018）。既坚持中国特色，又倡导全面开放地学习，这使我国企业能够做到广泛地借鉴和汲取各国现代管理知识，并勇于打破知识的边界，将各方面的知识融合起来，灵活、动态地解决不断涌现的需求问题，形成了大量独具特色的生产性活动，并在这个过程中，推动生产组织管理的经验的持续积累。

　　过去几十年，正是凭借着上述两个方面的能力，我国企业不断成长、发展壮大，有力地助推了国内大市场体系快速发展。对外开放和对内改革的时代机遇，为我国企业提供了规模体量足够巨大的国际国内市场，为企业的创新创造活动提供了广阔的容错空间，于是，成千上万的企业不断探索和不断试错，实现了快速动态迭代发展，成功建构了微观企业组织与市场体系这二者间的良性互动关系，促成了一个众多企业共同成长、百舸争流的大好局面。

　　前文已经指出，任何国家的企业在培育世界一流企业时，都需要接受企业成长理论的一般规律的检验。我们需要清醒地看到，我国企业在培育世界一流企业的雄心斗志滋长的同时，也正在迎来一些阻滞企业成长的因素的艰巨挑战。比如，2018 年中美贸易战以来，美国频频阻滞我国企业的先进技术的来源。再如，全球价值链重构过程中，企业间知识传播的链条也在发生调整与重新配置，正在对我国企业产生高不确定性的影响。在当前机遇与挑战并存的形势下，我国的一大批优势企业必须直面市场竞争实战层面的严苛检验——能否通过检验，将取决于我们企业的自身实力与能力。李寿生（2020）指出，"我们同世界一流跨国公司的差距，不仅是战略层面的，更是整体性的"。以石油化学工业为例，我国有近 3 万家规模以上的企业，但问题在于："在目前和未来，谁能够代表中国的石油和化学工业？在美国，有陶氏化学公司和杜邦公司代表高度发达的美国化学工业水平，在德国，有巴斯夫公司和赢创公司代表德国的化学工业水平，而在日本则有三菱公司以及三井化学公司代表日本的化学工业。在中国谁能站出来说，我能代表中国？"今天及未来相当长的一段时间，这个问题将反复拷问我国的企业。

2. 培育世界一流企业所面临的挑战

在特定行业领域，有资格成为代表国家最高能力的企业，进而再成为具有世界一流水平和能力的代表性企业，这意味着，一个企业需要成功应对以下三重挑战：

（1）能否创造世界一流的产品技术？一流的产品与服务，是世界一流企业的立身之本。唯有凭借卓越的产品与服务水准，世界一流企业才能奠定自己在全球激烈竞争中不可撼动的优势地位。更为重要的是，世界一流企业应拥有定义其所在产业领域的、最先进的产品技术标准的素质、能力与权威。要做到这一点，一方面，需要以世界一流企业在前沿技术领域的硬实力作为实现保障；另一方面，则需要以世界一流企业在全球市场体系中的话语权和影响力来提供必要支撑。近年间，我国位列世界500强的企业数量持续增长，不过，真正能凭借业界公认的声誉卓越和技术领先的先进产品与服务而跻身于全球企业前列的一流企业屈指可数。我国企业拥有比较突出的规模体量优势，但企业做大本身，并不必然保证向做强、做优的跃变。企业做强、做优与否，只能取决于这个企业是否拥有其竞争对手无法比拟的、一流的产品与服务的供给能力。

具体而言，我国企业的竞争劣势体现为以下三点：首先，除一部分产业优势企业具备提供品质相对比较高的产品技术的能力外，从总体上讲，我国企业在产品供给品质上的表现参差不齐。根据2019年麦肯锡全球研究院发布的研究报告《中国与世界：理解变化中的经济联系》：2017年中国的知识产权进口额为290亿美元，而知识产权出口额仅为50亿美元左右（为进口额的17%）。我国技术进口来源集中于三个国家，分别是美国（31%）、日本（21%）和德国（10%）。另据世界银行的数据，2021年，我国知识产权进口额增长至 468 亿美元，与美国的水平持平，同期我国知识产权出口额增长至 117 亿美元，不足美国知识产权出口额 1248 亿美元的 1/10。这些数据表明，在高品质的、关键性的和前沿性的产品技术领域，欧美日发达国家的世界一流企业仍然是主要的供应主体，我国企业与之相比，仍有较大的差距。

其次，在定义和引领面向未来的、前沿性的世界级产业技术的产品需求方面，我国企业的素质与表现亟待提升。世界一流企业的竞赛，本质上是商业世界未来领导权之争。因此，世界一流企业会选择将相当一部分资源投入于未来五年以后的下一代的产品和解决方案。相比之下，我国企业在面向未来的新兴产业技术领域时整体仍偏于保守与落后，在瓶颈环节受竞争对手扼制的矛盾，非常突出。谷歌公司制定了 7∶2∶1 战略投资法则，即 70% 资金投入现有业务，20% 资金投入成长业务，10% 资金投资于未来业务（成海清，2021）。按照这一标准，我国企业能做到将 10% 的资金用于投入未来业务的，为数寥寥。

最后，世界一流的产品技术是支撑企业较高投资收益水平的基石。像英特尔公司是一家拥有世界一流的产品技术的代表性企业，该公司存续时间超过了半个世纪，近年来，公司营业收入保持在 700 亿美元以上，净利润为 200 亿美元左右。由于缺乏世界一流的产品技术，我国企业盈利能力普遍不尽如人意。根据财富杂志发布的最新的"2022 年财富中国 500 强排行榜"，排名前 20 位的企业半数是商业银行和保险公司，其他为腾讯、阿里巴巴、中国移动、中国石油、中国石化、中海油、中远海运、科兴生物、茅台。

上述三点劣势构成了不利于我国企业未来发展的负面因素，它们彼此间还有相互制约的关系。如果一个企业暂时拥有了相对高品质的产品供给能力，但缺乏对未来产业技术的引领能力，那么，这个企业仍然难免缺乏中长期的高投资收益的保障。与之相类似，如果一个企业没有高收益水平的保障，通常也就很难拥有对未来产业技术的投资实力，这又会削弱企业提供高品质产品的能力。对这些环环相扣的不利因素，我国企业需要创造性地突破它们的掣肘，才有可能在全球产业体系中实现自身生产地位的稳步攀升，并最终成长为名副其实的世界一流企业。

（2）能否塑造世界一流的商业生态？当一个企业拥有了在特定产业领域创造世界一流的产品技术的能力后，它随即将面临如何向更加广泛的业务领域拓展发展空间的挑战，需要去学会处理与更加复杂的市场环境及跨区域市场环境中的多方利益主体进行资源交换与谋求合作的问题。在传统的工业革命时代，这一转变往往对应于多元化战略、投资组合式的战略安排或战略联盟。在当前的互联网和物联网时代，这一转变则对应于高度平台化和生态化的、持续创新商业模式的经营活动。我们可以将这一趋势概括为穆尔（James F. Moore）提出的"商业生态系统"的竞争模式。在商业生态竞争中，技术的重要性会降下来一些，整个业务体系对上下游合作伙伴各种生产性资源的调配效率将成为更为重要的问题，这其中的核心问题是商业生态系统中的主导企业能否不断发掘市场机会，紧密围绕用户需求来进行及时与高效的响应，最终实现经济社会价值。

21世纪以后崛起的世界一流企业，基本是凭借基于互联网、大数据和数字技术应用的商业生态系统制胜的一流企业。而且，这些拥有世界一流的商业生态的企业，往往还拥有极致的经营效率和超高的业绩水平。例如，亚马逊打造了全球最庞大的线上零售的商业生态系统，该公司从以书籍为主的自营电商业务起步，不断扩充经营品类，到开放第三方卖家平台服务，再到今日，已经发展成为一个集成自营品牌电商和平台电商的超级综合体。亚马逊先进的运营中心作为业界遥遥领先的效率标杆，每天能够处理超过100万件商品，库存准确率保持在99.99%以上。再如，苹果公司实现了从乔布斯领导下的追求做极致的产品的一流企业，向库克领导下的做软硬件一体化的大商业生态企业的转变，从而成为有史以来第一家市值突破1万亿美元的领先企业。据美国咨询公司Analysis Group（2021）的研究，苹果的App Store为用户提供180万款应用程序。以App Store为核心的商业生态系统创造了逾75个以iOS App为业务核心的上市公司或被收购的公司，这些公司上市或出售时的企业价值累计超过

5100 亿美元。

在我国，阿里巴巴、腾讯、小米、字节跳动等一部分优势企业已经连续多年在布局和拓展自己的商业生态系统，这些企业的产品与服务类型多样性、构成复杂，有积极开拓海外市场和推动业务资源全球配置的经营行动。像阿里巴巴，除了国际国内的核心商业平台外，还拥有菜鸟物流网络、阿里云和钉钉、数字媒体及娱乐，以及高德等本地生活服务和创新型业务。再如，字节跳动从今日头条的基于算法的新闻推荐服务起步，发展成了聚合类的资讯内容服务平台，现在，又在尝试向国际化的、综合性的内容媒体与文娱生态体系延伸。在传统产业领域，也有一些优势企业在积极发展商业生态系统。例如，海尔倡导的是发展生态链群，将小微及小微合作方的多种不同业务聚合在一起，形成经济联合体，以共同创造用户体验的持续迭代（张瑞敏，2021）。再如，中材国际致力于引领中国乃至世界水泥工业发展，除了技术创新外，该公司还带动了 6000 多家上下游企业及其产品走出国门（胡浩，2022）。

在看到我国企业可喜的成长成果的同时，我们也要冷静地看到：一方面，与亚马逊和苹果这样的世界一流企业相比，我们的企业在综合实力、运营效率、管理能力和规范治理等很多方面都存在短板。随着企业的商业生态系统日趋繁复化，这些短板随时有可能对企业的进一步成长构成束缚与阻碍作用。另一方面，近两三年，国内外企业政策的频频调整对一部分发展势头较猛的优势企业造成了不同程度的冲击，加大了企业的商业风险。上述这些问题，构成了我国企业在迈向世界一流企业的过程中无法回避的压力与必须要克服的挑战。

（3）能否打造世界一流的品牌声誉？所有的世界一流企业都奉行长期主义，持续性地投入了丰裕的资源，用以提升自己的品牌形象与公司声誉。优良的企业品牌声誉之所以如此重要，是因为它是一个企业各方面资源与能力予以浓缩后的最终成果。当一个企业提供的产品和服务是为客户所认可的，创造的财务业绩是令全体股东和投资人满意的，奉行的经营理念与经营行为是让各利益相关方信任的，这样的企业将赢得人们广泛的情感认同、喜爱与尊敬，这也就是我们常说的拥有优良的品牌声誉。企业的品牌声誉，不同于企业的产品技术、商业生态，后者具有有形属性，前者与后者紧密相关，却又不仅仅止于后者，而是具有同看不见、摸不着又难以复制的企业核心竞争力相似的无形属性。在实践中，企业品牌声誉建设，往往与企业文化、公司治理与企业社会责任等热点议题紧密联系在一起。一个企业愿意积极主动地参与解决社会问题和促进社会进步，甘于为社会做贡献和承担社会责任、社会义务，这也是品牌声誉优良的企业的重要行为特征。

我国企业与世界一流企业相比，有显著的差距。此差距在企业品牌声誉的维度上，表现得比在产品技术的维度上更加突出。首先，我国企业仍然主要处于注重企业经济价值的发展阶段，相对忽略了在企业社会形象、公司声誉等方面的价值使命的担当。未来，只有在与价值或价值观相关的行为表现上有所建树和突破时，我们的优势企业才有可能真正接近于世界一流企业（黄群慧等，2017）。其次，全球经济的数字化与绿色化趋势，助推了世界一流企业对无形资产投资强度的稳步增长，无形资产的快速积累对企业品牌声誉的贡献日益显著。我国有不少企业仍集中在传统产业、基础性和资源性领域，加快数字化和绿色化转型的发展任务非常重，构建优良的企业品牌声誉的难度也相对比较大。最后，在国际社会交往中，我国企业维护品牌声誉和履行社会责任的一些行为方式，不一定为其他国家的受众所接受。由于文化习俗和社会制度的不同，我国企业同西方国家的企业相比较，在文化与制度上存在天然的距离。长期以来，以美国为代表的西方世界，在国际秩序和国际社会话语体系中掌握了主导权。我国企业实施较大规模国际化的发展历史相对比较短，对各国文化与制度的情况有待进一步熟悉，在国际社会交往活动中的参与度也有待进一步提高。加之当前的全球化进程正面临转向与深度调整，国际社会中有一些不太和谐的杂音，这种氛围加大了我国企业提升品牌声誉的环境阻力。

四、对我国企业加快培育世界一流企业的建议

我国企业正处在一个关键性的历史节点上，既面临加快培育世界一流企业的难得的时代机遇，也面临多方面阻滞因素的挑战。面对如此复杂的形势，我国需要企业发挥迎难而上的精神，不仅要创造性地解决创造一流产品技术和塑造一流商业生态的问题，还要解决好打造一流品牌声誉的问题。

从更宏观的视角来审视，我们需要认识到，加快建设世界一流企业，这是新时代赋予中国企业改革发展的时代使命。加快建设世界一流企业，第一，是要通过国内市场竞争，在重要行业领域，培育一批代表我国最高能力的企业，让我国 14 亿人口能够通过超大人口规模的国内市场受益，率先享受到世界一流的产品与服务。第二，是要以企业为微观载体，加快建设世界重要人才中心和创新高地，开放式地吸收和整合全球先进生产要素，帮助我们的人民发展成为世界范围内最具活力的人力资源，进而推动我国人力资源优势持续有效转化为大企业的国际竞争优势。第三，是要以经济社会的高质量发展，以正确的企业社会责任观念，促进实现全体人民共同富裕，促进发展人与人之间的和谐关系与全社会的合作秩序。第四，是要积极探索先进企业组织制度，将马克思主义思想精髓同中华优秀传统文化精华贯通于企业经营活动之中，不仅要为进一步富足人类物质文明贡献中国力量，更要为弥合各国企业管理实践中的精神文明鸿沟贡献更多的中国智慧。第五，是承载弘扬以人为本、人与自然和谐共生的新时代商业文明的时代重任，创造性地提出应对全球金融危机、科技伦理危机和资源环境危机的解决方案。第六，世界一流企业作为我国参与塑造全球治理新格局的一支重要能动力量，将凭借其有机融入全球市场体系的组织制度优势，在大力推动构建人类命运共同体和世界和平发展新格局的伟大事业中

发挥积极作用，走出一条前所未有的、以自身发展带动更多国家共同实现和平发展的现代化道路。

展望未来，培育、建设和发展世界一流企业，将是一个持续奋进的漫长进程。竞争中性原则有望为那些有志于追逐世界一流梦想的企业，提供一套相对容易为国际社会接纳的、底线性的行为准则。我国企业在条件基本具备的情况下，可考虑先行先试，积极探索遵循国际经贸合作规则体系中与竞争中性原则相关的规则要求，来严格规范经营行为。在此过程中，我国企业需要坚持长期主义、抵制官僚主义和发扬人文主义。

1. 坚持长期主义

在每一个时代，一流企业的成长就像新物种的蓬勃发展一样。作为新物种的一流企业会不断成长，释放它的活力与影响力，不断挑战周围环境对它的束缚，直到整个环境开始接受它、适应它，并逐渐以它为内核来重塑新的生产组织体系。这些高成长性的企业，需要足够的时间与空间，才能逐步与周围环境中的各种因素浑然融为一体，达成经济社会的新平衡状态。平衡，是阻滞一流企业快速成长的各种因素和企业内部的旺盛的成长活力这二者相较量到势均力敌后的表现形态。

发达国家的世界一流企业的成长，先后经历了不同时代环境对它们的考验。英国东印度公司在世界范围内大势扩张之时，几乎没有真正阻滞它的力量，很多曾经阻滞它的力量，在被它战胜之后，都转而给东印度公司输入了更多的增长性资源。直到国际政治秩序重构，东印度公司的成长进程，才受到了真正的阻滞。20世纪初，像标准石油公司、AT&T这样的美国企业快速扩张时，同样几乎遇不到对它们构成真正的阻滞作用的力量，直到反垄断政策开始发挥作用。反垄断政策限制了这些传统产业领域的巨型企业拥有凌驾于公平竞争之上的市场特权，但没有阻滞美国的新兴产业领域的世界一流企业的持续崛起。20世纪80年代，日本大企业的迅速发展，对美国的汽车、电子等重要产业领域企业造成了明显的竞争冲击，引发了美国政府对日本企业发展进程的政策干扰。日本企业在受到不利的国际政治经济因素的阻滞后，转向了"潜行"的发展方向。这些年来，在世界 500 强排名榜上，日本企业以集团化的综合商社为主要代表，昔日在重要产业技术领域颇有国际竞争力的日本大企业纷纷走向了衰弱。

苏轼有云："莫听穿林打叶声，何妨吟啸且徐行。"成功的世界一流企业，必然是时间的朋友。以世界一流为发展目标，企业需要坚守"吟啸徐行"的平稳心态，克制企图毕其功于一役的冒进心，不断增强自身打持久战的韧性。只有心里装载着更长时间维度上的发展远景，企业才有可能无惧于中短期的阻滞因素的消极影响和避免急于求成的躁动风险，最终在一流水平上达成全新的生产组织管理的平衡。

2. 抑制官僚主义

按照企业成长理论，当企业的组织管理能力不足以驾驭其积累的资源和外部环境的变化时，企业的成长将陷入停滞。这一现象的机理在于，随着企业规模体量不断扩大，持续积累的资源与价值将成为官僚主义的温床。官僚主义是削弱大企业管理能力的顽疾。当企业组织管理能力出现衰退后，它将成为阻滞曾经处于一流水平的企业进一步成长的致命因素。企业史表明，每一个溃败的大企业，都深受官僚主义的弊病的困扰。因此，世界一流企业在成长的过程中，需要同官僚主义做旷日持久的斗争。

20 世纪 80 年代，日本大企业之所以能对美国大企业形成竞争冲击，并不是说日本大企业真的如何强大，当时，一个重要的事实是，美国大企业的国际竞争力受到了内部严重的官僚主义的侵蚀与损害。1981 年，年仅 45 岁的杰克·韦尔奇成为通用电气历史上最年轻的董事长和 CEO。韦尔奇对官僚主义深恶痛绝，他曾说，官僚主义扼杀一切。但不幸的是，很多管理者都变成了令人不屑的官僚。韦尔奇认为，CEO 的重要任务是要将官僚主义从通用电气的发展事业中清除出去。他在《赢》中写道：20 世纪 80 年代末，通用电气与美国许多大企业一样，是一个典型的庞大的官僚机构，管理层级众多。通用电气拥有 25000 多名管理者，每位管理者平均有七名直接下属，从基层工厂到 CEO 的办公室之间的管理层级多达十几个。130 多名高管担任副总裁及以上职务，而这每一位高管背后又有顶着各种头衔的辅助支持人员。在韦尔奇的努力下，通用电气的管理层级被压缩在了六级之内。令人备感遗憾的是，过高的薪酬、被驯服的董事会等种种迹象表明，带光环的韦尔奇的管理神话，本身也极有可能正是通用电气内部根深蒂固的官僚主义的有机组成部分。最终，官僚主义还是击败了通用电气——标志性的事件是，2018 年，通用电气作为唯一留在的道琼斯指数创始成分股被剔除出局。

我国企业从改革开放初期的弱小状态起步发展，大多数的企业在相对短的时间里迅速成长起来，仍处于企业组织形态相对稚嫩的发展阶段，且在成长过程中不断受到各种环境变化因素的冲击，这使我们的企业还没有形成那么顽固的官僚体制，仍然具备在不太有利的环境下保持成长与扩张的活力。随着我国企业规模的持续发展壮大，官僚主义的弊端也如影随形而来。对此，我们需要时刻谨记韦尔奇倍加推崇的"将官僚主义视为一流企业的敌人"的企业管理方针。在韦尔奇看来，如果不撼动人们习以为常的官僚体制，就无法真正创建一个世界级的组织。

3. 弘扬人文主义

世界一流企业的竞争，究其本质，并不仅仅是科技与经济实力的竞争，更是代表先进文明与社会秩序的领导话语权力的竞争。世界一流企业所弘扬的诚信守业和公平竞争的商业精神，本身也是人类文明的重要组成部分。21 世纪，我们的世界作为整体，正面临政治经济秩序重构的新挑战，人文主义是有可能促成未来秩序重构的精神力量的一个重要来源。

自工业革命以来，以英美为代表的西方国家领导下的全球化进程行进至 20 世纪之后，在取得了卓越的经济增长成就的同时，也日渐遇到了越来越严重的人文主义危机。20 世纪，西方哲学出现了从科学主义向人文主义思潮的转变（陈嘉明，2001），但这一转变并没有深刻地渗入和影响现代人的经济社会生活状态，其主要原因是，现代经济社会在很多重要领域的运行规则已经被单向度的实用主义主导下的商业逻辑支配了。进入 21 世纪后，人工智能和基因编辑等科学和技术加速渗入人类社会的各个层面，引发了人在性质上的根本性变化，正在对人类理智能力及其独尊地位造成巨大的挑战，这再度激发了人们对人文主义的核心关切（韩水法，2019）。在当下的世界中，西方世界已经表现出来了失去复兴人文主义的自觉的脆弱性，于是，人类社会面临的重大挑战是，要突破现存的西方话语体系对我们的社会文明的未来可能性的限制与束缚。在此过程中，我们迫切需要寻求来自西方世界之外的智慧。

我国是历史悠久的文化大国，拥有深厚的人文主义的思想传统，但在现代化进程中，也受到了西学东渐的单一现代化模式中反人文主义思潮倾向的较强作用。近年来，随着各国民族主义情绪的兴盛，我国的文化传统中的一些有益的精神元素正在复兴。它们同过去百年间，特别是中华人民共和国成立以来我们在经济社会建设中积累起来的相对现代化的文化元素合流与汇聚，又进化出来了新的驱动现代商业进步的精神力量。这构成了我国企业经受和克服各方面阻滞因素的考验，加快培育世界一流企业的文化与精神资源的特殊的基础条件。立志于成为世界一流企业，需要以理解和弘扬人文主义为己任，努力让自身成为推动世界向可持续的人类的美好生活图景这一方向迈进的积极贡献者。

参考文献

［1］Analysis Group，A Global Perspective on the Apple App Store Ecosystem. 2021，https：//www. sgpjbg. com/baogao/39890. html.

［2］OECD，Competitive Neutrality：Maintaining a Level Playing Field between Public and Private Business，2012，OECD Publishing.

［3］OECD，Guidelines on Corporate Governance of State-Owned Enterprises，2015，OECD Publishing.

［4］OECD，Monitoring the Performance of State-Owned Enterprises Good Practice Guide for Annual Aggregate Reporting，2022.

［5］OECD，State Owned Enterprises and the Principle of Competitive Neutrality，2009，http：//www. oecd. org/daf/ca/corporategovernanceofstate-ownedenterprises/50251005. pdf.

[6] OECD,《经合组织理事会关于竞争中性的建议》,2021,OECD Publishing.

[7] Penrose E., The Theory of the Growth of the Firm. Oxford University Press,1959.

[8] 陈嘉明:《人文主义思潮的兴盛及其思维逻辑——20 世纪西方哲学的反思》,《厦门大学学报(哲学社会科学版)》2001 年第 1 期。

[9] 成海清:《世界一流企业的 10 项关键最佳实践》,《企业管理》2021 年第 2 期。

[10] 崔新健、欧阳慧敏:《中国培育具有全球竞争力的世界一流企业:进展、差距与策略》,《经济学动态》2020 年第 5 期。

[11] 德勤华永会计师事务所:《对标世界一流企业:做优做强,管理提升之路》,经济管理出版社 2013 年版。

[12] 韩水法:《人工智能时代的人文主义》,《中国社会科学》2019 年第 6 期。

[13] 郝鹏:《筑牢迈向世界一流企业的"根"和"魂"》,《学习时报》2018 年 10 月 10 日第 1 版。

[14] 胡浩:《为梦想继续飞翔——专访中国中材国际工程股份有限公司党委书记、董事长刘燕》,《中国建材》2022 年第 1 期。

[15] 黄群慧等:《世界一流企业管理:理论与实践》,经济管理出版社 2019 年版。

[16] 黄群慧:《改革开放四十年中国企业管理学的发展》,《管理世界》2018 年第 10 期。

[17] 黄群慧、余菁、王涛:《培育世界一流企业:国际经验与中国情境》,《中国工业经济》2017 年第 11 期。

[18]《建设有国际竞争力的世界一流企业——"如何打造世界一流企业"研讨会发言摘登(上)》,载《经济日报》2011 年 11 月 10 日,http://paper. ce. cn/jjrb/html/2011-11/10/content_177702. htm.

［19］蒋福佑、周倜然：《世界一流企业的内涵研究》，《中国电业》2019 年第 1 期。

［20］金伟栋等：《四种能力塑造世界一流企业》，《现代国企研究》2011 年第 7 期。

［21］李伯溪：《世界一流企业发展思考》，《经济研究参考》2012 年第 10 期。

［22］李寿生：《如何成长为具有国际竞争力的一流公司——中国石化企业应该向跨国公司学习什么?》，《清华管理评论》2020 年第 12 期。

［23］麦肯锡全球研究院：《中国与世界：理解变化中的经济联系》，2019 年 7 月，引自 "https：//www. mckinsey. com. cn/wp - content/uploads/2019/12/%E4% B8% AD%E5%9B% BD%E4% B8% 8E% E4% B8% 96% E7% 95%8C%EF%BC%9A%E7%90%86 %E8% A7% A3%E5% 8F% 98%E5% 8C% 96%E4%B8% AD%E7% 9A% 84%E7% BB% 8F% E6% B5% 8E% E8% 81% 94% E7%B3% BB -% E4% B8% AD% E6% 96% 87% E5% 85% A8% E6% 96% 87 - Final. pdf"。

［24］《世界一流企业的八个特征——专访中国华能集团公司总经理曹培玺》，《现代国企研究》2012 年第 12 期。

［25］王勇：《坚持科学发展 着力做强做优 培育具有国际竞争力的世界一流企业》，《中国总会计师》2011 年第 2 期。

［26］韦尔奇：《赢》，中信出版社 2017 年版。

［27］翁杰明：《围绕 "三个三" 目标培育世界一流企业》，《企业管理》2018 年第 10 期。

［28］詹姆斯·弗·穆尔：《竞争的衰亡：商业生态系统时代的领导与战略》，北京出版社 1999 年版。

［29］张瑞敏：《生产品牌：第四次工业革命中再生的新范式》，《清华管理评论》2021 年第 9 期。